서울대 한국어

Workbook 6A

서울대학교 언어교육원

서울대 한국어 6A Workbook

지은이 서울대학교 언어교육원
편집인 박형만, 양승주, 김지연
펴낸곳 (주)투판즈
서울특별시 서초구 논현로 87, 5층
Tel (02)2140-2500
Fax (02)2140-2599
www.twoponds.co.kr
등록 1980년 10월 7일 제2004-000086호
디자인 새담디앤피
초판 1쇄 2015년 6월 1일
7쇄 2023년 6월 1일

ISBN 978-89-539-4966-9

Written by Language Education Institute, Seoul National University
Published by TWOPONDS Co., Ltd.
Designed by SAEDAM D&P

머리말

〈서울대 한국어 6A Workbook〉은 〈서울대 한국어 6A Student's Book〉의 부교재로, 주교재에서 학습한 내용이 연습을 통해 사용 능력으로 정착되도록 구성하였다. 이를 위해 주교재에서 학습한 어휘와 문법을 다양한 맥락 속에서 사용해 보고 읽기와 쓰기 심화 및 정리 학습이 이루어질 수 있도록 하였다. 특히 어휘와 문법 연습 문제를 풍부하게 제공하고 이를 교실용과 자습용으로 구분하여 제시함으로써 수업용 부교재로서뿐만 아니라 자율학습용으로도 사용될 수 있도록 배려하였다.

어휘는 문장 및 담화 단위의 맥락에서 사용하거나 문장 내에서 적절한 의미를 유추하도록 하는 연습 문제를 제공하였다. 문법은 문장 단위에서의 정확한 사용뿐만 아니라 대화, 담화 단위의 맥락에서도 자연스럽게 사용해 볼 수 있도록 다양한 유형의 연습 문제로 구성하였다. 특히 한국어 담화 상황에서 실제적으로 사용되고 고급 수준의 학습자에게 적절한 언어 표현을 포함한 맥락을 풍부하게 제공함으로써 학습자가 교실 밖에서의 언어 사용 능력으로 용이하게 연계하도록 하였다.

또한 고급 학습자로서의 독해 능력을 향상시키기 위하여 주제와 관련된 읽기 연습을 추가로 제공하여 심화 학습이 가능하도록 하였다. 쓰기는 읽기 활동의 후 활동으로 제시하여 읽기와 연계하되 주교재에서 이루어진 주요 학습 내용을 바탕으로 하여 쓰게 함으로써 정리 학습의 역할을 하도록 하였다.

이 책이 완성되기까지 많은 분들의 노력과 수고가 있었다. 오랜 기간에 걸쳐 집필 및 출판 과정에 참여한 교재개발위원회 선생님들의 헌신이 없었다면 책이 만들어질 수 없었을 것이다. 또한 2012년 봄 학기부터 2014년 봄 학기에 걸쳐 6급을 사용하며 꼼꼼하게 수정해 주신 최지훈, 선우용, 박지영, 정인아, 강유리, 하승현 선생님, 2013년 겨울 학기에 말레이시아 프로그램에서 사용하며 수정 의견을 추가해 주신 장은아, 장용원, 이창용, 조용미, 신필여, 박유미, 이희진, 신윤희 선생님, 원고의 교열을 담당해 주신 이소연, 민유미 선생님, 시험 사용 교재의 삽화를 담당해 주신 조소명, 송지성 선생님, 정확한 발음으로 녹음을 해 주신 성우 임채현, 윤미나 선생님의 노고에 감사를 드린다. 이울러 책이 출판되기까지 오랜 기간 동안 작업을 도와주신 투판즈의 사장님과 도현정 부장님, 박형만 편집팀장님, 양승주 대리님, 김지연 주임님을 비롯한 편집진 여러분께도 고마운 마음을 전한다.

2015. 6.
서울대학교 언어교육원
원장 전 영 철

일러두기

서울대 한국어 6A Workbook은 〈서울대 한국어 6A Student's book〉의 부교재로 총 7단원 14과로 구성되었다. 한 과는 '어휘, 문법과 표현, 읽고 쓰기'로 되어 있으며, 복습은 '어휘, 문법과 표현, 읽기와 쓰기, 듣기와 말하기'로 구성되어 있다.

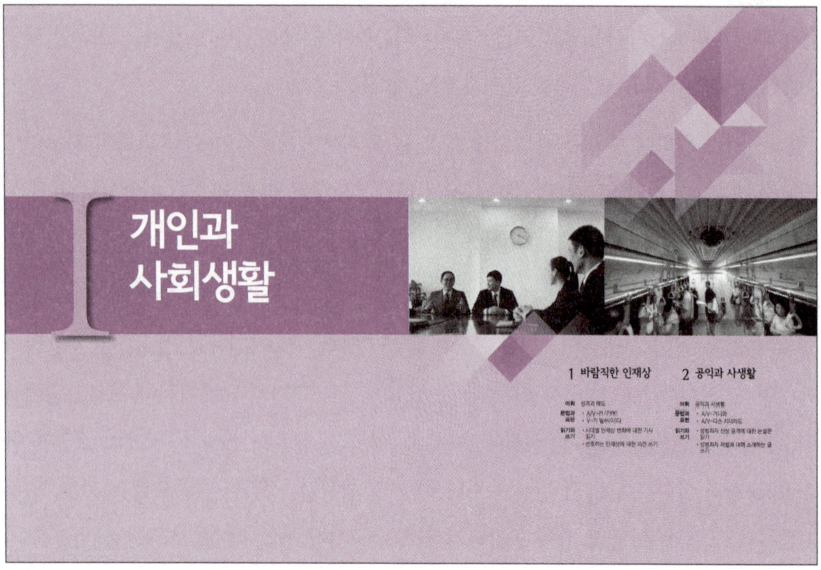

어휘, 문법과 표현, 읽고 쓰기의 학습 목표가 제시된다.

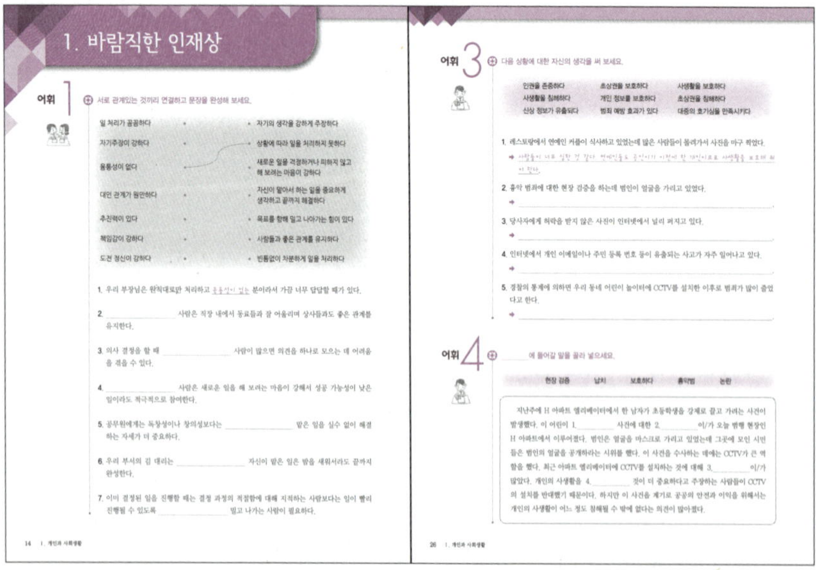

◆ 어휘

문장 단위의 연습, 담화 단위의 연습 등으로 구성된다.

1. 어휘를 문장 속에서 사용하면서 어휘력을 기르게 한다.

2. 대화나 텍스트 내에서의 용법을 익혀서 어휘의 사용 능력을 향상시킨다.

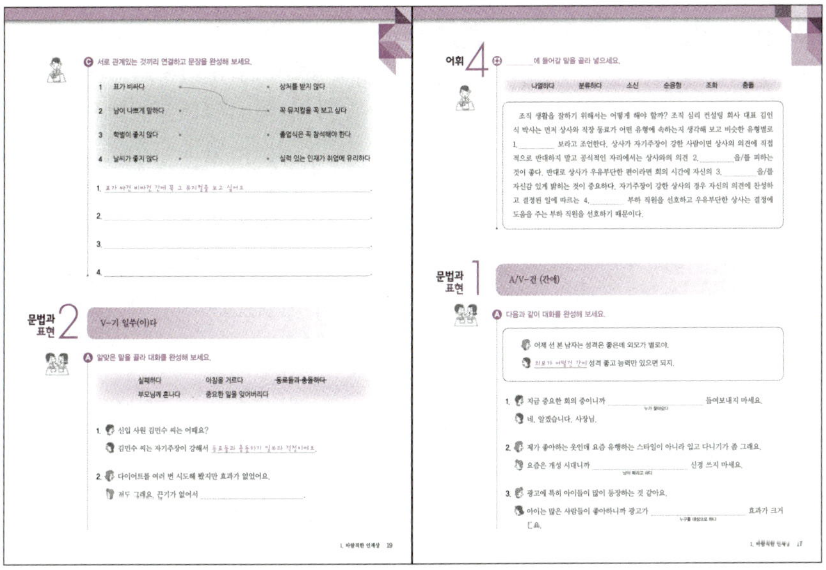

문법과 표현

문장 단위의 연습, 담화 단위의 연습으로 구성된다.

1. 목표 문법과 제시어를 활용하여 문법과 표현의 활용에 유의하면서 문장을 생성한다.

2. 담화 단위의 연습으로 맥락을 이해하여 대화를 완성한다.

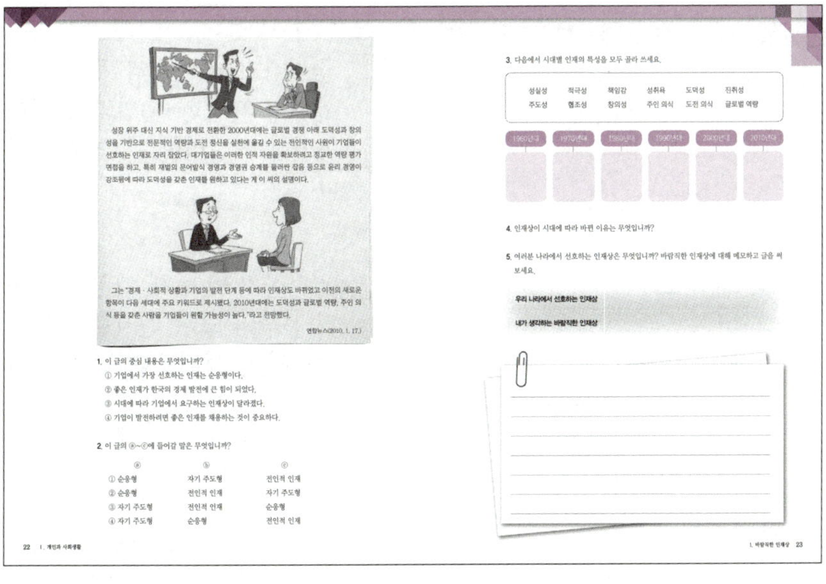

읽고 쓰기

1. **주제와 관련된 실제 자료를 읽는다.**

2. **수필, 설명문, 논설문, 묘사하는 글 등 다양한 장르의 글을 이해하고 이를 쓰기와 연계한다.**

일러두기

복습

과별 학습 내용을 연계하여 어휘, 문법과 표현, 읽기와 쓰기, 듣기와 말하기로 구성되어 영역별 복습을 할 수 있다.

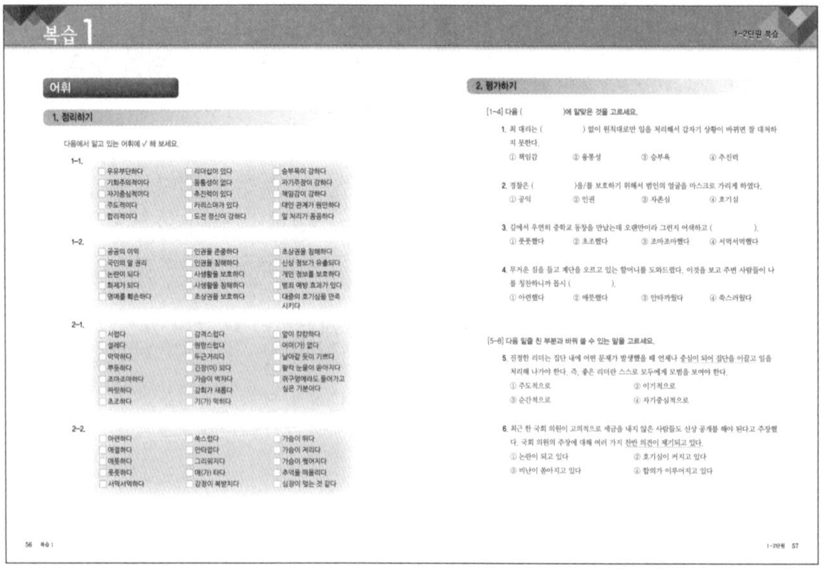

● 어휘

1. '정리하기'에 주제 어휘를 제시하여 학습한 어휘를 확인하고 정리할 수 있도록 한다.

2. '평가하기'를 통해 다양한 유형의 어휘 문제를 풀면서 학습자의 성취도를 점검해 볼 수 있도록 한다.

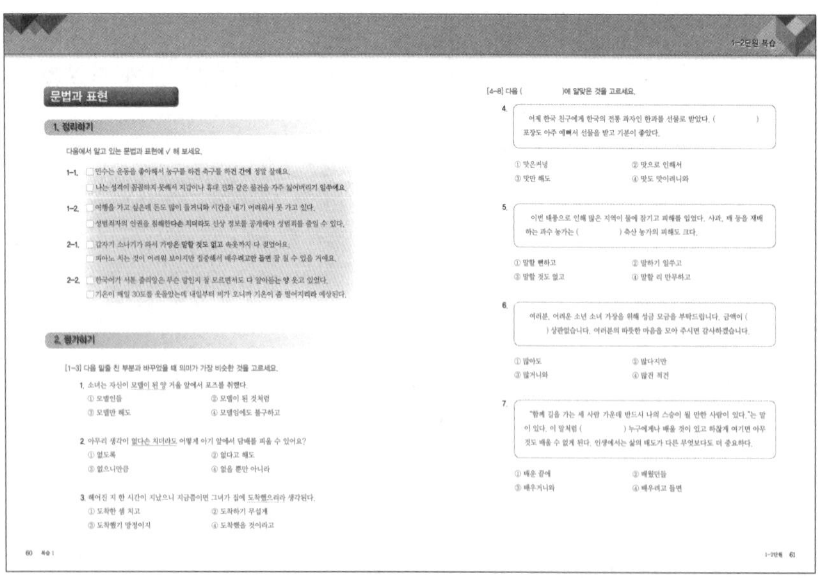

● 문법과 표현

1. '정리하기'에 문법과 표현을 제시하여 학습한 문법과 표현을 확인하고 정리할 수 있도록 한다.

2. '평가하기'를 통해 다양한 유형의 문법과 표현 문제를 풀면서 학습자의 성취도를 점검해 볼 수 있도록 한다.

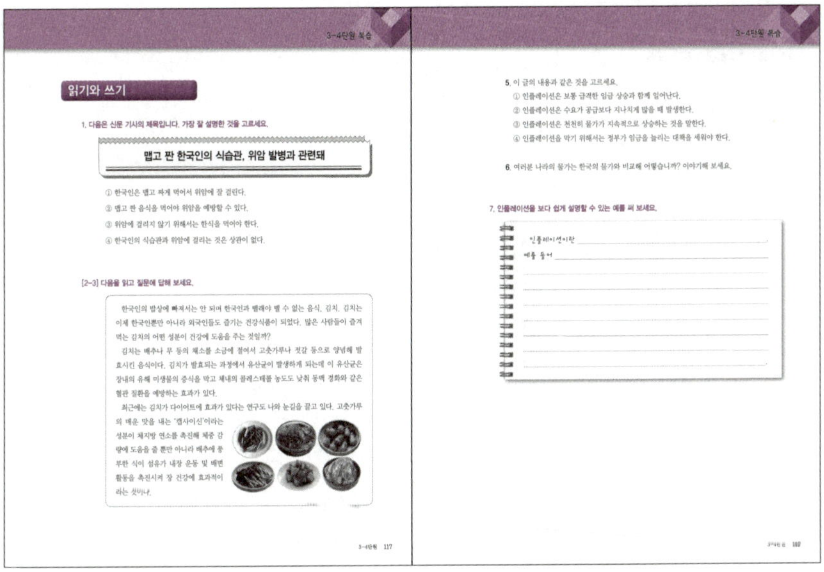

- **읽기와 쓰기**
  1. 과의 주제와 관련된 다양한 장르의 글을 읽고 문제 풀이를 통해 이해 정도를 확인한다.
  2. 주제 중심의 텍스트 구성 능력을 향상시킬 수 있도록 다양한 장르의 쓰기 연습을 제공한다.

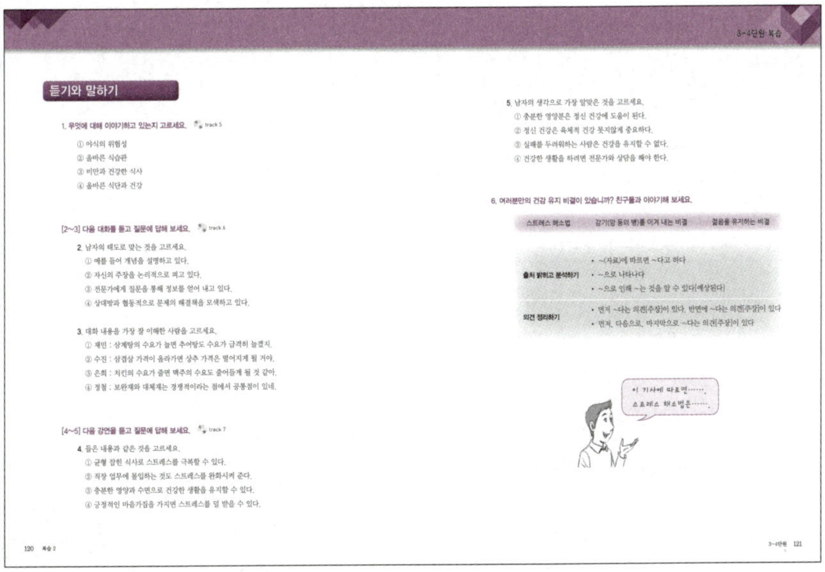

- **듣기와 말하기**
  1. 목표 어휘와 문법, 본 교재와 관련 있는 주제로 구성된 대화나 담화를 듣고 문제 풀이를 통해 이해 정도를 확인한다.
  2. 말하기 전략을 향상시킬 수 있도록 담화 기능 표현을 적용할 수 있는 다양한 말하기 연습을 제공한다.

일러두기

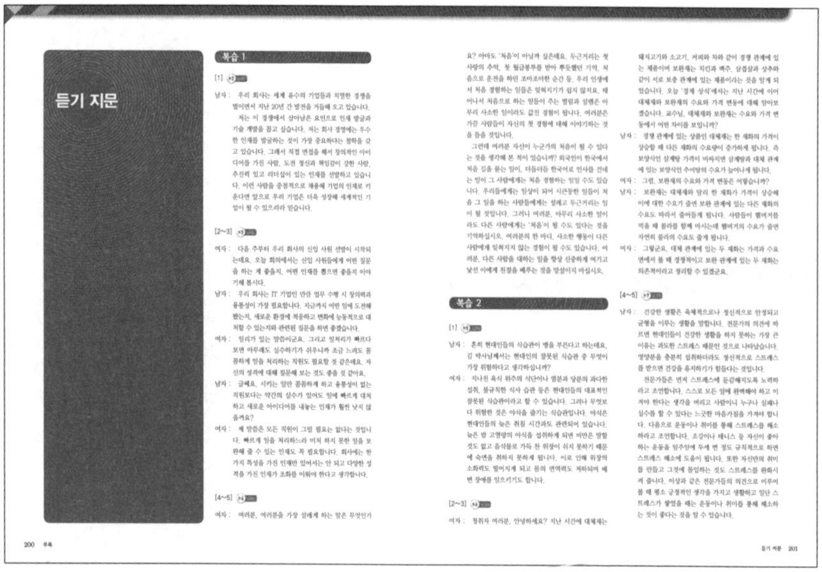

● 부록

듣기 지문
복습 듣기의 지문을 제공한다.

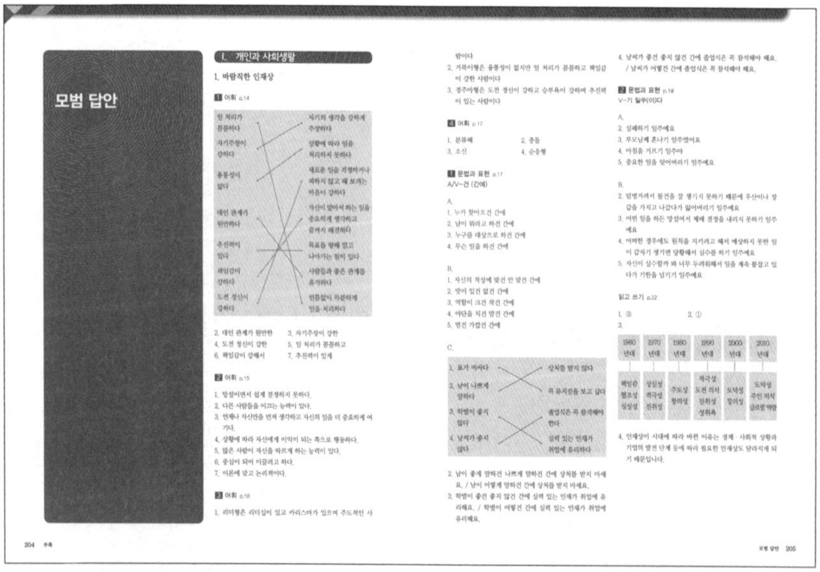

모범 답안
연습 문제와 복습 문제의 답이 모범 답안의 형태로 제공된다.

※ 연습 문제 활용 방법

 교실 활동용 자습용

차례 Contents

교재 구성표

제목	어휘	문법과 표현	읽기와 쓰기
Ⅰ. 개인과 사회생활			
1. 바람직한 인재상	성격과 태도	• A/V-건 (간에) • V-기 일쑤(이)다	• 시대별 인재상 변화에 대한 기사 읽기 • 선호하는 인재상에 대한 의견 쓰기
2. 공익과 사생활	공익과 사생활	• A/V-거니와 • A/V-다손 치더라도	• 성범죄자 신상 공개에 대한 논설문 읽기 • 성범죄자 처벌에 대해 소개하는 글 쓰기
Ⅱ. 사랑과 추억			
1. 잊지 못할 순간	느낌과 기분	• N은/는 말할 것도 없다 • V-(으)려고 들다	• 수필 〈아버지의 큰 사랑〉 감상하며 읽기 • 잊지 못할 순간에 대한 수필 쓰기
2. 소나기	사랑의 감정	• A-(으)ㄴ/V-는 양 • A/V-(으)리라	• 수필 〈인연〉 감상하며 읽기 • 첫사랑의 추억에 대한 수필 쓰기
복습 1(1~2단원)			
Ⅲ. 경제와 생활			
1. 물가 이야기	물가와 경제	• N에도 불구하고 • V-자	• 물가 전망에 대한 기사 읽기 • 물가 상승 요인에 대한 설명문 쓰기
2. 경제와 무역	경제와 무역	• N(으)로 보다 • A-(으)ㄴ/V-는 가운데	• 공정 무역에 대한 설명문 읽기 • 공정 무역의 개념과 정의, 장단점 설명하는 글 쓰기
Ⅳ. 건강한 삶			
1. 음식과 체질	음식과 건강	• V-(으)ㄹ래야 V-(으)ㄹ 수(가) 없다 • 어찌나 A/V-던지	• 체질별 보양식에 대한 기사 읽기 • 자국의 보양식에 대해 소개하는 글 쓰기
2. 건강과 마음	건강과 치료	• V-(으)ㄹ 바에는[바에야] (차라리) • A-(으)ㄴ/V-는 까닭에 [까닭으로]	• 플라시보에 대한 기사 읽기 • 플라시보에 대한 자신의 경험 쓰기
복습 2(3~4단원)			

제목	어휘	문법과 표현	읽기와 쓰기
Ⅴ. 성공과 실패			
1. 새로운 시도	도전의 과정과 결과	• A/V-다 뿐이지 • V-기란	• 청계천 복원과 대중교통 체계 개편에 대한 기사 읽기 • 자국의 새로운 제도에 대해 평가하는 글 쓰기
2. 흔들리며 피는 꽃	시련과 극복	• A/V-(으)ㄹ지라도 • V-는 한	• 장애를 극복한 인물에 대한 전기문 읽기 • 시련을 극복하고 성공한 사람에 대한 평전 쓰기
Ⅵ. 생활과 예술			
1. 생활 속의 예술	예술의 활용	• V-고서는 • V-게끔	• 동피랑 마을에 대한 기사 읽기 • 예술이 사회를 변화시킨 자국의 사례 소개하는 글 쓰기
2. 건축물의 미학	건축물의 아름다움	• A-(으)면서(도) • A-기(가) 이를 데 없다	• 수덕사 대웅전을 묘사하는 글 읽기 • 자국의 유명한 건축물 묘사하는 글 쓰기
복습 3(5~6단원)			
Ⅶ. 사상과 이데올로기			
1. 한국인과 유교 사상	유교와 한국인의 사고방식	• N더러 • N이/가 다 뭐예요?	• 나이에 대한 칼럼 읽기 • 한국인과 유교 문화에 대해 예시하는 글 쓰기
2. 한국인과 이데올로기	전쟁과 이데올로기	• N은/는 고사하고 • (비록) A/V-(으)ㄹ망정	• 남북문제에 대한 칼럼 읽기 • 이데올로기에 대해 자신의 의견 주장하는 글 쓰기

I 개인과 사회생활

1 바람직한 인재상

어휘 성격과 태도

문법과 표현
- A/V-건 (간에)
- V-기 일쑤(이)다

읽기와 쓰기
- 시대별 인재상 변화에 대한 기사 읽기
- 선호하는 인재상에 대한 의견 쓰기

2 공익과 사생활

어휘 공익과 사생활

문법과 표현
- A/V-거니와
- A/V-다손 치더라도

읽기와 쓰기
- 성범죄자 신상 공개에 대한 논설문 읽기
- 성범죄자 처벌에 대해 소개하는 글 쓰기

1. 바람직한 인재상

어휘

서로 관계있는 것끼리 연결하고 문장을 완성해 보세요.

일 처리가 꼼꼼하다 •	• 자기의 생각을 강하게 주장하다
자기주장이 강하다 •	• 상황에 따라 일을 처리하지 못하다
융통성이 없다 •	• 새로운 일을 걱정하거나 피하지 않고 해 보려는 마음이 강하다
대인 관계가 원만하다 •	• 자신이 맡아서 하는 일을 중요하게 생각하고 끝까지 해결하다
추진력이 있다 •	• 목표를 향해 밀고 나아가는 힘이 있다
책임감이 강하다 •	• 사람들과 좋은 관계를 유지하다
도전 정신이 강하다 •	• 빈틈없이 차분하게 일을 처리하다

1. 우리 부장님은 원칙대로만 처리하고 융통성이 없는 분이라서 가끔 너무 답답할 때가 있다.

2. ______________ 사람은 직장 내에서 동료들과 잘 어울리며 상사들과도 좋은 관계를 유지한다.

3. 의사 결정을 할 때 ______________ 사람이 많으면 의견을 하나로 모으는 데 어려움을 겪을 수 있다.

4. ______________ 사람은 새로운 일을 해 보려는 마음이 강해서 성공 가능성이 낮은 일이라도 적극적으로 참여한다.

5. 공무원에게는 독창성이나 창의성보다는 ______________ 맡은 일을 실수 없이 해결하는 자세가 더 중요하다.

6. 우리 부서의 김 대리는 ______________ 자신이 맡은 일은 밤을 새워서라도 끝까지 완성한다.

7. 이미 결정된 일을 진행할 때는 결정 과정의 적절함에 대해 지적하는 사람보다는 일이 빨리 진행될 수 있도록 ______________ 밀고 나가는 사람이 필요하다.

어휘 2

밑줄 친 표현의 의미를 설명해 보세요.

그 사람은 승부욕이 강하기 때문에 무슨 일이든지 경쟁하는 것처럼 일을 한다.

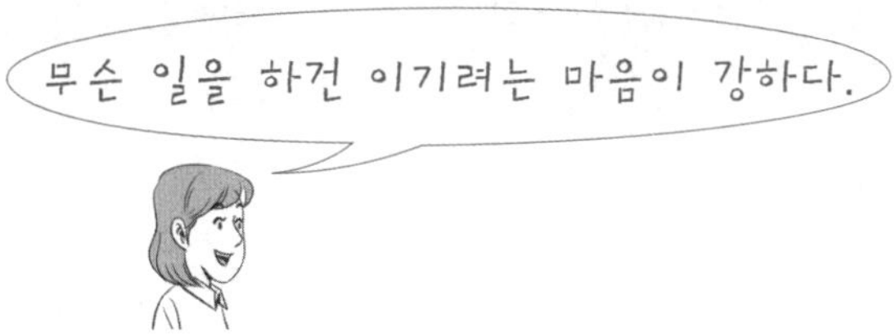

1. 중요한 결정을 미루거나 맺고 끊는 것이 불분명한 우유부단한 사람이 조직의 리더가 된다면 그 조직은 발전하기 어렵다.

2. 이번 승진 시험에서는 조직을 이끌어 갈 수 있는 리더십이 있는 사람에게 가장 높은 점수를 줬다.

3. 자기중심적인 사람은 이해관계가 얽히면 다른 사람을 배려하지 않고 자신의 이익만을 추구하기 때문에 분쟁*이 생기는 경우가 많다.

* 분쟁: 서로 싸움.

4. 선거에서 인지도*가 낮았던 후보의 지지율이 높아진 후 일부 기회주의적인 정치인들이 갑자기 그 후보에 대한 칭찬을 늘어놓기 시작했다.

* 인지도: 어떤 물건이나 사람을 알아보는 정도.

5. 우리 부장님은 카리스마가 있어서 부장님이 밀어붙이는 일은 부하 직원들이 불만 없이 따른다.

6. 직장 상사들은 시키기 전에 자신이 먼저 나서서 일을 하는 주도적인 부하 직원을 선호한다.

7. 합리적인 사람은 감정이나 주변 상황에 영향을 받지 않고 항상 이치에 맞게 판단한다.

어휘 3

❁ 빈칸에 들어갈 말을 고르고 각 유형의 특징을 써 보세요.

주도적이다	추진력이 있다	책임감이 강하다
리더십이 있다	카리스마가 있다	도전 정신이 강하다
융통성이 없다	승부욕이 강하다	일 처리가 꼼꼼하다

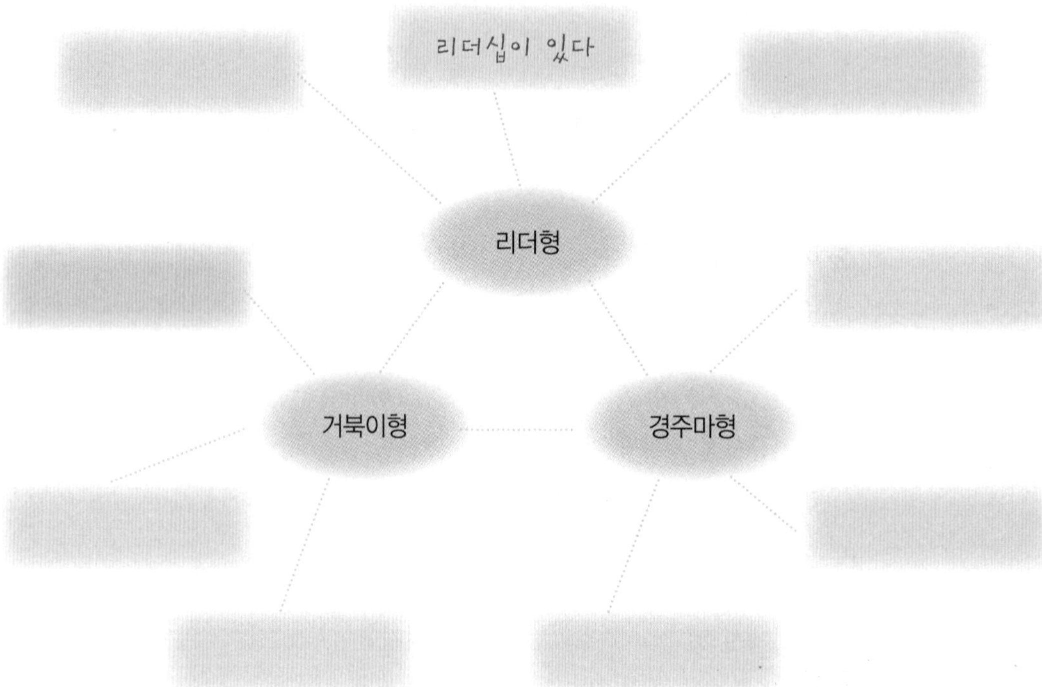

• 리더형은 리더십이 있고 ________________________________

________________________________ 사람이다.

• ________________________________

________________________________.

• ________________________________

________________________________.

어휘 4

_______에 들어갈 말을 골라 넣으세요.

나열하다 / 분류하다 / 소신 / 순응형 / 조화 / 충돌

조직 생활을 잘하기 위해서는 어떻게 해야 할까? 조직 심리 컨설팅 회사 대표 김인식 박사는 먼저 상사와 직장 동료가 어떤 유형에 속하는지 생각해 보고 비슷한 유형별로 1.__________ 보라고 조언한다. 상사가 자기주장이 강한 사람이면 상사의 의견에 직접적으로 반대하지 말고 공식적인 자리에서는 상사와의 의견 2.__________을/를 피하는 것이 좋다. 반대로 상사가 우유부단한 편이라면 회의 시간에 자신의 3.__________을/를 자신감 있게 밝히는 것이 중요하다. 자기주장이 강한 상사의 경우 자신의 의견에 찬성하고 결정된 일에 따르는 4.__________ 부하 직원을 선호하고 우유부단한 상사는 결정에 도움을 주는 부하 직원을 선호하기 때문이다.

문법과 표현 1

A/V-건 (간에)

A 다음과 같이 대화를 완성해 보세요.

어제 선 본 남자는 성격은 좋은데 외모가 별로야.

외모가 어떻건 간에 성격 좋고 능력만 있으면 되지.

1. 지금 중요한 회의 중이니까 ____________________ 들여보내지 마세요.
   (누가 찾아오다)

   네, 알겠습니다. 사장님.

2. 제가 좋아하는 옷인데 요즘 유행하는 스타일이 아니라 입고 다니기가 좀 그래요.

   요즘은 개성 시대니까 ____________________ 신경 쓰지 마세요.
   (남이 뭐라고 하다)

3. 광고에 특히 아이들이 많이 등장하는 것 같아요.

   아이는 많은 사람들이 좋아하니까 광고가 ____________________ 효과가 크거든요.
   (누구를 대상으로 하다)

4. 좋은 부모가 되기 위한 첫 번째 조건은 뭘까요?

자녀에 대한 믿음이겠지요. 아이가 ______________________ 아이를 믿어 주고
(무슨 일을 하다)
격려해 주는 것이 가장 중요하다고 생각해요.

B 다음과 같이 대화를 완성해 보세요.

> 친구 생일 선물을 사야 하는데 돈이 별로 없어서 걱정이야.
>
> 선물이 싸건 비싸건 간에 주는 사람의 마음과 정성이 중요하니까 너무 고민하지 마.
> (선물이 싸다 / 비싸다)

1. 요즘 젊은 사람들은 연봉이 높은 회사를 선호한다지요?

네, ______________________ 돈만 중요하게 생각해서 문제예요.
(자신의 적성에 맞다 / 안 맞다)

2. 남편 식성이 까다롭지 않아요?

아니요, 제가 만들어 준 음식은 ______________________ 다 잘 먹어요.
(맛이 있다 / 없다)

3. 주말에 〈왕의 친구〉를 봤는데 정말 재미있었어요.

저도 정말 재미있게 봤어요. ______________________ 배우들이 열연하는* 모습
(역할이 크다 / 작다)
이 정말 보기 좋았어요.

* **열연하다:** 열심히 연기하다.

4. 우리 재석이는 밤낮없이 컴퓨터 게임만 해서 큰일이에요.

저희 아이도 마찬가지예요. 제가 ______________________ 신경도 안 쓰고 컴퓨
(야단을 치다 / 말다)
터 게임에 빠져 살아요.

5. 심야 시간에는 승차 거부하는 택시가 많다면서요?

네, 특히 강남에서 택시 잡기는 하늘의 별 따기예요. 목적지가 ______________________
(멀다 / 가깝다)
승객이 원하는 곳까지 데려다 줘야 하는 거 아니에요?

C 서로 관계있는 것끼리 연결하고 문장을 완성해 보세요.

1	표가 비싸다	상처를 받지 않다
2	남이 나쁘게 말하다	꼭 뮤지컬을 꼭 보고 싶다
3	학벌이 좋지 않다	졸업식은 꼭 참석해야 한다
4	날씨가 좋지 않다	실력 있는 인재가 취업에 유리하다

1. 표가 싸건 비싸건 간에 꼭 그 뮤지컬을 보고 싶어요.

2. ______________________.

3. ______________________.

4. ______________________.

문법과 표현 2

V-기 일쑤(이)다

A 알맞은 말을 골라 대화를 완성해 보세요.

실패하다	아침을 거르다	~~동료들과 충돌하다~~
부모님께 혼나다	중요한 일을 잊어버리다	

1. 신입 사원 김민수 씨는 어때요?

   김민수 씨는 자기주장이 강해서 동료들과 충돌하기 일쑤라 걱정이에요.

2. 다이어트를 여러 번 시도해 봤지만 효과가 없었어요.

   저도 그래요. 끈기가 없어서 ______________________.

3. 민수 씨는 어렸을 때 어땠어요?

장난이 심해서 ＿＿＿＿＿＿＿＿＿＿＿＿＿＿＿.

* **폭식:** 음식을 한꺼번에 너무 많이 먹음.

4. 아침에 출근 준비로 바빠서 ＿＿＿＿＿＿＿＿＿＿＿＿＿.

그러다 보면 점심이나 저녁에 폭식*을 하게 돼서 오히려 건강을 해치기 쉽지.

5. 어제 중요한 회의가 있었는데 까맣게 잊어버렸지 뭐예요.

저도 그런 적이 있어요. 정신없이 일이 바쁘면 ＿＿＿＿＿＿＿＿＿＿＿＿＿.

B 문장을 완성해 보세요.

1. 저는 집안일을 잘 못해요. 설거지할 때마다 컵이나 접시를 몇 개나 깨는지 몰라요.

➜ 저는 집인일을 잘 못해서 컵이나 접시를 깨기 일쑤예요.

* **덤벙거리다:** 조심성 없이 서두르다.

2. 저는 덤벙거려서* 물건을 잘 챙기지 못해요. 우산이나 장갑을 가지고 나갔다가 잃어버린 적이 많아요.

➜ 저는 ＿＿＿＿＿＿＿＿＿＿＿＿＿＿＿＿＿＿＿＿＿＿＿＿＿.

3. 우유부단한 사람은 어떤 일을 하든 망설이는 편이에요. 그래서 제때 결정을 내리지 못해요.

➜ 우유부단한 사람은 ＿＿＿＿＿＿＿＿＿＿＿＿＿＿＿＿＿＿＿＿.

4. 융통성이 없는 사람은 어떠한 경우에도 원칙을 지키려고 해요. 그래서 예상하지 못한 일이 갑자기 생기면 당황해서 실수를 해요.

➜ 융통성이 없는 사람은 ＿＿＿＿＿＿＿＿＿＿＿＿＿＿＿＿＿＿＿.

* **기한:** 미리 정해진 기간.

5. 꼼꼼한 사람은 자신이 실수할까 봐 너무 두려워해요. 그래서 일을 계속 붙잡고 있다가 기한*을 넘기는 경우도 많아요.

➜ 꼼꼼한 사람은 ＿＿＿＿＿＿＿＿＿＿＿＿＿＿＿＿＿＿＿＿＿＿.

읽고 쓰기

다음 기사를 읽고 질문에 답해 보세요.

'기업 인재상' 변천 … 2010년대엔 도덕성 중시

60년대 ⓐ_______________, 80~90년대 ⓑ_______________,
2000년대 ⓒ_______________,

고려대 경영정보대학원 석사 논문서 분석

국내 기업들이 신입 사원을 채용할 때 무게를 두는 인재상이 1960년대 이후 지금까지 시대별로 계속 변했다는 연구 논문이 나와 눈길을 끈다. 고려대 경영정보대학원 이신철 씨가 17일 발표한 석사 논문 '한국 대기업 인재상의 변화'에 따르면 기업이 추구하는 인재상은 1960년대 '순응형'에서 1980~1990년대 '자기 주도형'으로, 2000년대에는 전방위 역량을 발휘하는 '전인적(全人的) 인재'로 변했다. 이 씨는 대한상공회의소, 전국경제인연합회의 각종 통계치와 기업별 인사 관리 서류 등의 자료를 분석해 기업이 요구한 인재의 특징을 시대별로 뽑아내 분석했다.

논문은 산업화가 시작된 1960년대 기업들이 책임감과 협조성, 성실성 등을 바탕으로 한 순응형 인재를 선호했다고 평가했다. 공채 제도가 본격적으로 도입된 1960년대 기업의 인사 평가 요소를 살펴보면 성실함, 책임감을 토대로 동료와 협조를 잘하고 자신이 맡은 작업량을 정확히 달성하는 인재가 선호됐다는 것이다.

정부 주도의 경제 발전이 본격화된 1970년대에도 성실성은 여전히 중요한 항목이었지만 경제 성장을 이끌기 위한 적극성과 진취성이 새로운 장점으로 요구됐다.

1980년대는 삼성과 현대 등 일부 대기업에서만 활용됐던 주도성과 창의성이 대기업의 보편적 인재상으로 확산된 탓에 이전의 '순응형'과 '자기 주도형' 인재상이 혼재했다고 논문은 지적했다.

1990년대에 들어서는 적극성을 갖춘 자기 주도형 인재를 기업들이 발탁하는 사례가 두드러졌다. 이 씨는 "1990년대는 기업들의 인수, 합병 등 구조 조정으로 성과 중심적인 사고와 글로벌 스탠더드 개념이 도입돼 성실성보다는 적극성, 도전 의식, 진취성, 성취욕 등으로 표현되는 주도적 역량이 인재상의 키워드가 됐다."라고 분석했다.

성장 위주 대신 지식 기반 경제로 전환한 2000년대에는 글로벌 경쟁 아래 도덕성과 창의성을 기반으로 전문적인 역량과 도전 정신을 실천에 옮길 수 있는 전인적인 사원이 기업들이 선호하는 인재로 자리 잡았다. 대기업들은 이러한 인적 자원을 확보하려고 정교한 역량 평가 면접을 하고, 특히 재벌의 문어발식 경영과 경영권 승계를 둘러싼 잡음 등으로 윤리 경영이 강조됨에 따라 도덕성을 갖춘 인재를 원하고 있다는 게 이 씨의 설명이다.

그는 "경제 · 사회적 상황과 기업의 발전 단계 등에 따라 인재상도 바뀌었고 이전의 새로운 항목이 다음 세대에 주요 키워드로 제시됐다. 2010년대에는 도덕성과 글로벌 역량, 주인 의식 등을 갖춘 사람을 기업들이 원할 가능성이 높다."라고 전망했다.

연합뉴스(2010. 1. 17.)

1. 이 글의 중심 내용은 무엇입니까?

① 기업에서 가장 선호하는 인재는 순응형이다.
② 좋은 인재가 한국의 경제 발전에 큰 힘이 되었다.
③ 시대에 따라 기업에서 요구하는 인재상이 달라졌다.
④ 기업이 발전하려면 좋은 인재를 채용하는 것이 중요하다.

2. 이 글의 ⓐ~ⓒ에 들어갈 말은 무엇입니까?

	ⓐ	ⓑ	ⓒ
①	순응형	자기 주도형	전인적 인재
②	순응형	전인적 인재	자기 주도형
③	자기 주도형	전인적 인재	순응형
④	자기 주도형	순응형	전인적 인재

3. 다음에서 시대별 인재의 특성을 모두 골라 쓰세요.

성실성	적극성	책임감	성취욕	도덕성	진취성
주도성	협조성	창의성	주인 의식	도전 의식	글로벌 역량

1960년대	1970년대	1980년대	1990년대	2000년대	2010년대

4. 인재상이 시대에 따라 바뀐 이유는 무엇입니까?

5. 여러분 나라에서 선호하는 인재상은 무엇입니까? 바람직한 인재상에 대해 메모하고 글을 써 보세요.

우리 나라에서 선호하는 인재상	
내가 생각하는 바람직한 인재상	

2. 공익과 사생활

어휘

❁ 서로 관계있는 것끼리 연결하고 문장을 완성해 보세요.

명예를	유출되다	사람의 권리를 귀중히 대하다
신상 정보가	만족시키다	남의 사진을 허락 없이 사용해 권리에 해를 주다
초상권을	훼손하다	다른 사람의 사회적 평가를 떨어뜨리는 사실을 지적해 알리다
대중의 호기심을	되다	서로 다른 주장을 하며 싸우는 상황이다
논란이	존중하다	사람의 몸, 개인 상황에 대한 정보가 남에게 알려지다
인권을	보호하다	개인적인 생활을 침범하지 않고 지켜 주다
사생활을	침해하다	많은 사람들이 알고 싶어 하는 욕구를 채워 주다

* **당사자:** 사건과 관련된 사람.

1. 최근 한 시민의 사진이 당사자*의 동의 없이 신문에 실려서 문제가 된 사건이 있었다. 판사는 이 사건에 대해 신문사가 그 사람의 초상권을 침해한 것이라고 판결했다.

2. 요즘 방송 프로그램에서는 연예인의 가족 관계, 친구 관계 등에 대한 질문을 많이 한다. 이것은 ____________ 시청률을 높이기 위한 것이다.

* **뇌물:** 부정한 돈이나 물건.

3. 김 교수가 기업으로부터 뇌물*을 받았다는 기사가 나왔는데 잘못된 보도임이 드러났다. 김 교수는 ____________ 이유로 그 기사를 보도한 신문사를 고소했다.

4. 유명 인터넷 사이트에 가입한 회원들의 전화번호와 주소 등의 ____________. 이 사실을 알게 된 사람들이 소송을 하겠다며 강하게 항의했다.

5. 요즘 인터넷 토론방에서 엘리베이터 안의 CCTV 설치 문제가 ____________. CCTV 설치를 찬성하는 사람들은 공공의 이익이 더 중요하다고 주장하고 반대하는 사람들은 개인의 인권이 더 중요하다고 주장한다.

6. 중 · 고등학교에서 올해부터 학생들의 가방 검사와 체벌을 금지하기로 했다. 이것은 학생들의 ____________________기 위한 것이다.

7. 최근 연예인의 사생활에 대한 정보가 SNS 등에 올라와 연예인들이 피해를 입는 경우가 증가하고 있다. 연예인들도 개인적인 생활이 알려지지 않을 권리가 있으므로 연예인들의 ____________________ 한다.

어휘 2

밑줄 친 표현의 의미를 설명해 보세요.

요즘 연예인 자살 사건이 인터넷에서 화제가 되고 있다.

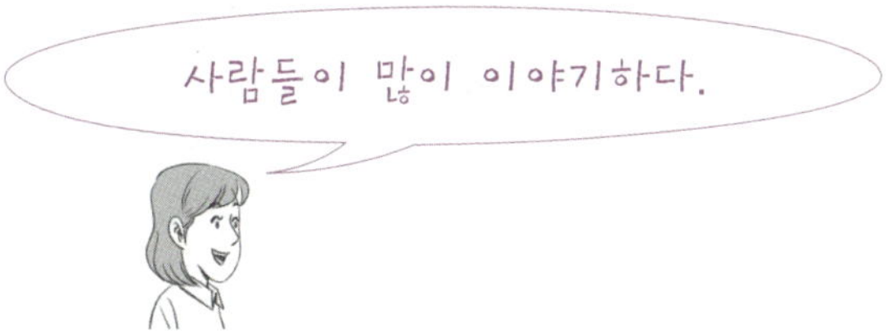

1. 국민의 알 권리를 위해서 국가는 외국과 맺은 외교 협정에 대한 정보를 공개해야 한다.

2. 나는 남편에게 온 우편물을 거리낌 없이 뜯어본다. 그런데 남편은 자신의 우편물을 함부로 보는 것은 사생활을 침해하는 행동이라며 불평한다.

3. 이번 설문 조사 결과, 학생 대부분은 학교 도서관 안에 CCTV를 설치하면 범죄 예방 효과가 있을 것이라고 생각하는 것으로 밝혀졌다.

4. 최근 한 성형외과에서 코 성형 수술을 받은 환자의 얼굴 사진을 당사자의 허락 없이 병원 광고에 사용해서 환자가 병원을 상대로 손해 배상*을 청구했다. 법원은 병원이 환자들의 초상권을 보호할 의무가 있다고 판결했다.

* **손해 배상:** 손해를 물어 주는 것.

5. 과거에는 개인의 인권을 보호하는 것보다 공공의 이익을 더 중시하는 경향이 있었다.

6. 정부는 개인 정보를 보호하기 위해 이에 대한 법을 만들어 올해 9월부터 시행하기로* 했다.

* **시행하다:** 실제로 행하다.

어휘 3

❀ 다음 상황에 대한 자신의 생각을 써 보세요.

인권을 존중하다	초상권을 보호하다	사생활을 보호하다
사생활을 침해하다	개인 정보를 보호하다	초상권을 침해하다
신상 정보가 유출되다	범죄 예방 효과가 있다	대중의 호기심을 만족시키다

1. 레스토랑에서 연예인 커플이 식사하고 있었는데 많은 사람들이 몰려가서 사진을 마구 찍었다.

➜ 사람들이 너무 심한 것 같다. 연예인들도 공인이기 이전에 한 개인이므로 사생활을 보호해 줘야 한다.

2. 흉악 범죄에 대한 현장 검증을 하는데 범인이 얼굴을 가리고 있었다.

➜ ______________________________.

3. 당사자에게 허락을 받지 않은 사진이 인터넷에서 널리 퍼지고 있다.

➜ ______________________________.

4. 인터넷에서 개인 이메일이나 주민 등록 번호 등이 유출되는 사고가 자주 일어나고 있다.

➜ ______________________________.

5. 경찰의 통계에 의하면 우리 동네 어린이 놀이터에 CCTV를 설치한 이후로 범죄가 많이 줄었다고 한다.

➜ ______________________________.

어휘 4

❀ ______에 들어갈 말을 골라 넣으세요.

현장 검증	납치	보호하다	흉악범	논란

지난주에 H 아파트 엘리베이터에서 한 남자가 초등학생을 강제로 끌고 가려는 사건이 발생했다. 이 어린이 1.__________ 사건에 대한 2.__________이/가 오늘 범행 현장인 H 아파트에서 이루어졌다. 범인은 얼굴을 마스크로 가리고 있었는데 그곳에 모인 시민들은 범인의 얼굴을 공개하라는 시위를 했다. 이 사건을 수사하는 데에는 CCTV가 큰 역할을 했다. 최근 아파트 엘리베이터에 CCTV를 설치하는 것에 대해 3.__________이/가 많았다. 개인의 사생활을 4.__________ 것이 더 중요하다고 주장하는 사람들이 CCTV의 설치를 반대했기 때문이다. 하지만 이 사건을 계기로 공공의 안전과 이익을 위해서는 개인의 사생활이 어느 정도 침해될 수 밖에 없다는 의견이 많아졌다.

문법과 표현 1

A/V-거니와

A 다음과 같이 대화를 완성해 보세요.

> 서울에서 살아 보니 어떻습니까?
>
> 서울은 교통도 편리하거니와 편의 시설도 많습니다. 외국인이 살기 편한 도시라고 생각됩니다.
> (교통이 편리하다 / 편의 시설이 많다)

1. 경주 여행이 어땠습니까?

   ______________________. 다른 외국 친구들에게도 추천할 만합니다.
   (음식이 맛있다 / 볼거리가 많다)

2. 가장 친한 친구의 성격은 어떻습니까?

   제 친구는 ______________________. 그래서 그 친구에게 배울 점이 많다고 생각합니다.
   (성실하다 / 이해심이 많다)

3. 비빔밥을 가장 좋아하신다면서요?

   네, 비빔밥은 ______________________. 누구나 부담 없이 즐길 수 있는 한국 음식입니다.
   (가격이 저렴하다 / 건강에 좋다)

4. ________ 씨 고향은 어떤 곳입니까?

   제 고향은 ______________________. 그래서 관광객들이 많이 찾습니다.
   (경치가 아름답다 / 유적지가 많다)

B 다음과 같이 대화를 완성해 보세요.

> 앵커 : 어제 날씨가 매우 더웠는데 오늘도 기온이 많이 오를까요?
>
> 기상 캐스터 : 네, 오늘도 매우 덥겠습니다. 기온도 기온이려니와 습도가 높아서 낮 시간에는 불쾌감을 느끼시는 분들이 많겠습니다.
> (기온 / 기온)

1. 기자 : 일을 그만두시는 이유가 건강 때문이라고 들었는데 맞습니까?

   사장 : ______________ 새롭게 해 보고 싶은 일이 생겨서 큰 결심을 하게 되었습니다.
   (건강 / 이유)

2. 기자 : 요즘 스마트폰 가격이 너무 비싸다는 소비자들의 불만이 많습니다. 시민들의 의견을 직접 들어 보겠습니다.

시민 : ______________ 기본요금이 너무 비싼 것 같아요.
스마트폰 가격 / 가격

3. 기자 : 이번에 여당에서 내놓은 정책의 실현 가능성에 대해 의문을 갖는 국민들이 많은데요.

야당 대표 : ______________ 정책의 효과에 대해서도 생각해 봐야 합니다. 큰 효과도 없는 일에 예산을 낭비하면 안 됩니다.
실현 가능성 / 문제

* 익명성: 누가 한 일인지 드러나지 않는 특성.

4. 사회자 : 인터넷이 발달하다 보니 인터넷을 통한 신상 정보 유출 문제가 심각해지고 있습니다. 이 문제에 대해 어떻게 생각하십니까?

토론자 : ______________ 익명성*을 이용해 다른 사람의 명예를 훼손하는 사례가 증가하는 것 또한 큰 문제입니다.
신상 정보 유출 / 문제

C 문장을 완성해 보세요.

1. 김 대리는 일 처리도 꼼꼼하고 성격도 정말 좋다.

➡ 김 대리는 일 처리도 꼼꼼하거니와 성격도 정말 좋다.

2. 제주도는 사람들도 친절하고 경치도 아름답다.

➡ ______________________________.

3. 미고기업의 휴대폰은 디자인도 예쁘고 성능도 뛰어나서 인기가 좋다.

➡ ______________________________.

4. 스티븐 씨는 한국어도 능숙하게 하고 일본어도 잘한다.

➡ ______________________________.

D 다음과 같이 주장에 찬성하는 의견을 써 보세요.

성범죄자의 신상 정보와 거주지를 공개하는 것은 범죄 재발 방지를 위해 필요하다.

➜ (이웃의 안전) 범죄 재발 방지도 문제려니와 이웃의 안전을 위해서도 꼭 필요한 일이다.
/ 범죄 재발 방지를 위해서도 필요하거니와 이웃의 안전을 위해서도 꼭 필요한 일이다.

1. 교실에서 음식을 먹으면 음식 냄새가 나니까 먹지 말아야 한다.

➜ (수업에 방해가 되다)

2. 교실에 CCTV를 설치하면 학생들의 사생활을 침해할 수 있으므로 설치하면 안 된다.

➜ (초상권을 침해하다)

3. 확인되지 않은 사실을 인터넷 게시판에 올리는 것은 다른 사람의 명예를 훼손하는 일이니 올리지 말아야 한다.

➜ (마음에 상처를 주다)

4. 공동 주택에서 개와 같은 애완동물을 키우는 것은 위생에 문제가 있으므로 자제해야 한다.

➜ (소음이 발생하다)

문법과 표현 2

A/V-다손 치더라도

A 다음과 같이 대화를 완성해 보세요.

> 김 과장 : 우리 회사가 경쟁 회사보다 먼저 신제품 개발에 성공했으니까 이제 안심해도 되겠군요.
>
> 박 대리 : 아직 안심하기에는 이른 것 같습니다. 신제품 개발에 성공했다손 치더라도 제품 홍보가 안되면 상품이 잘 팔리지 않기 때문입니다.
>
> 제품 홍보

1. 기자 : 이번 결승 상대는 강팀이라서 이길 가능성이 없다는 것이 전문가들의 예상입니다만 감독님은 어떻게 생각하십니까?

   감독 : 저와 선수들은 ____________________.

   끝까지 최선을 다해야 함

2. 고민녀 : 결혼하고 싶은 사람이 있었는데 부모님이 반대하셔서 헤어졌어요. 헤어진 후에 그 사람이 보고 싶어서 일이 손에 잡히지 않아요.

   상담자 : ____________________.

   자신의 인생은 자신이 결정해야 함

3. 기자 : 요즘 회사 일이 바빠서 가족과의 약속을 다음으로 미루는 직장인들이 많은데요. 전문가의 조언을 들어 보겠습니다.

   전문가 : 아무리 ____________________.

   가족과 보내는 시간을 소홀히 생각하면 안 됨

4. 토론자 1 : 흉악범의 얼굴을 언론에 공개하는 것은 범죄자의 인권을 침해하는 것입니다.

   토론자 2 : ____________________.

   국민의 안전이 더 중요하므로 공개해야 함

5. 기자 : 성형 수술에 대한 부작용 사례가 급증하고 있습니다. 과도한 성형은 법적으로 금지해야 한다는 의견도 나오고 있습니다. 어떻게 생각하시나요?

   의사 : ____________________.

   개인적 선택이므로 법적으로 금지해서는 안 됨

B 다음과 같이 주장에 반대하는 의견을 써 보세요.

범죄 재발 방지를 위해 성범죄자의 신상 정보와 거주지를 공개해야 한다.

➜ (인권 존중) 범죄 재발을 방지할 수 있다손 치더라도 성범죄자의 인권도 존중되어야 하므로 공개해서는 안 된다.

1. 국민들에게는 알 권리가 있으므로 경찰의 모든 수사 과정이 공개되어야 한다.

   ➜ (경찰 수사 방해)

* **정년:** 직장에서 퇴직하도록 정해져 있는 나이.

2. 고령화 사회가 됨에 따라 노동력이 부족해지므로 정년*을 68세로 연장해야 한다.

   ➜ (청년 일자리 감소)

* **무인도:** 사람이 살지 않는 섬.

3. 이웃 주민들의 재산권이 침해되지 않도록 쓰레기 소각장은 사람이 살지 않는 무인도*에 설치되어야 한다.

   ➜ (주거지와 가까워야 쓰레기 처리 편리)

4. 개인 정보가 유출될 수 있으니 홈페이지에서 회원 가입을 할 때 주민 등록 번호와 실명을 사용하지 말아야 한다.

   ➜ (악성 댓글 줄임)

읽고 쓰기

다음 논설문을 읽고 질문에 답해 보세요.

성범죄자 신상 공개 '제2의 NIMBY' 우려

사생활 · 인권보다 사회적 안전에 무게
혐오 시설 인식, 이중 처벌 논란 가능성

오는 16일부터 성폭력 범죄자 신상 공개 제도가 19세 이상 성인 대상 범죄자까지 확대 적용됨에 따라 성범죄의 '사회적 처벌'이 한층 더 강화된다. 그동안에는 '아동, 청소년의 성 보호에 관한 법률'에 따라 19세 미만 청소년 대상 성범죄자의 신상 정보만 인터넷에 ⓐ띄웠는데, 이제 모든 성폭력 범죄자의 신상을 낱낱이 공개하게 된 것이다.

특히 상습성이 있거나 죄질이 무거운 성범죄자의 신상 정보는 같은 지역 내에 19세 미만 아동과 청소년을 둔 가정에 우편으로 전달되게 한다. 공개 정보에는 이름과 사진, 신체 정보는 물론 거주지 번지수와 아파트 동, 호 등 상세 주소가 포함돼 한마디로 성범죄자가 발 딛고 설 자리가 좁아지는 셈이다. 법무부는 3천 500여 명의 성범죄자가 신상 공개 등록 대상에 추가되고 이 중 30% 정도인 1천여 명이 우편 고지 대상이 될 것으로 추정하고 있다.

법무부는 지난 2008년 도입된 전자 발찌 제도, 오는 7월 시행 예정인 성 충동 약물 치료제와 함께 신상 공개제를 성범죄 억제의 강력한 도구로 삼는다는 전략이다.

하지만 신상 공개 시행 과정이 순탄치는 않을 전망이다. 우선 성범죄자가 거주하는 지역 주민의 거센 반발이 예상된다.

성범죄자 거주지가 사실상 '혐오 시설'로 인식되면 '내 집 앞은 안 된다'는 '님비(NIMBY) 현상'이 표면화될 수 있다. 이렇게 되면 성범죄자의 거주권이 침해되는 결과를 가져올 수 있다. 사생활의 자유를 보장한 헌법상 권리에 대한 논쟁이 다시 ⓑ수면 위로 떠오르게 될 것이다. 아울러 성범죄자 본인뿐만 아니라 그의 가족과 친인척이 이웃으로부터 따돌림을 당하는 등 심각한 인권 침해를 당할 수 있다는 우려 섞인 시각이 있다.

법무부 관계자는 14일 "국회가 특례법을 만들 때 인권 침해 등의 부작용보다는 사회적 안전에 입법 정책의 무게를 둔 것."이라며 "국민적 합의에 따라 관련법을 제정한 만큼 일단 시행하는 게 맞다고 본다."고 말했다.

연합뉴스(2011. 4. 14.)

1. 성범죄자 신상 공개의 시행 과정에서 예상되는 문제가 아닌 것은 무엇입니까?

① 지역 주민들의 반발
② 성범죄자의 거주권 침해
③ 충동 억제 약물 치료제의 도입
④ 성범죄자의 가족과 친인척의 인권 침해

2. 읽은 내용과 같은 것을 고르세요.

① 지역 내의 모든 가정에 성범죄자의 신상 정보가 우편으로 전달된다.

② 법무부는 성범죄자에 대해 성 충동 약물 치료제를 사용할 계획이 있다.

③ 성범죄자의 신상 공개 제도는 국회의 반대로 법 시행에 어려움을 겪고 있다.

④ 성범죄자의 신상 공개 제도는 범인과 피해자의 거주권 침해라는 점에서 논란이 되고 있다.

3. 성범죄자 신상 공개에 반대하는 입장의 근거는 무엇입니까?

① 성범죄자의 신상 공개로 범죄를 예방할 수 있다.

② 성범죄자는 상습적으로 성범죄를 저지를 가능성이 높다.

③ 성범죄자의 신상 공개로 지역 주민들의 인권이 침해될 수 있다.

④ 성범죄자에게 사회적으로 이중 처벌을 가하는 것과 마찬가지이다.

4. 밑줄 친 부분과 바꿔 쓸 수 있는 표현을 고르세요.

	ⓐ	ⓑ
①	올렸는데	사라질 것이다
②	밝혔는데	문제가 해결될 것이다
③	드러났는데	논쟁 거리가 가볍게 처리될 것이다
④	공개했는데	대중들 사이의 논쟁 거리가 될 것이다

5. 여러분 나라의 성범죄자는 어떤 처벌을 받습니까? 메모하고 글을 써 보세요.

영국에서는 성범죄자는 경찰에게 반드시 자신의 사는 곳을 알려야 하고 경찰은 성범죄자가 살고 있는 지역의 학교에 성범죄자의 신상 정보를 제공해야 한다. 영국은 특히 미성년자에 대한 성범죄자 처벌이 더 엄격한 편이다. 13세 이하의 어린이에게 성범죄를 저지르면 무기 징역*에 처하는 법이 있다. 이 법에서는 직접적으로 성폭행을 하지 않아도 몸을 만지거나 신체를 접촉하거나 하는 성추행도 모두 성폭행으로 본다. 또한 성인용 비디오를 16세 이하 미성년자에게 강제로 보이기만 해도 10년 형을 받는다.

* **무기 징역:** 죄인을 죽을 때까지 교도소에 가두는 형벌.

II 사랑과 추억

1 잊지 못할 순간

어휘 느낌과 기분

문법과 표현
- N은/는 말할 것도 없다
- V-(으)려고 들다

읽기와 쓰기
- 수필 〈아버지의 큰 사랑〉 감상하며 읽기
- 잊지 못할 순간에 대한 수필 쓰기

2 소나기

어휘 사랑의 감정

문법과 표현
- A-(으)ㄴ/V-는 양
- A/V-(으)리라

읽기와 쓰기
- 수필 〈인연〉 감상하며 읽기
- 첫사랑의 추억에 대한 수필 쓰기

1. 잊지 못할 순간

어휘 1

알맞은 말을 골라 대화를 완성해 보세요.

서럽다	짜릿하다	긴장(이) 되다	어이(가) 없다
가슴이 벅차다	감회가 새롭다	왈칵 눈물이 쏟아지다	

1. 십 년 만에 고향에 다시 와 보니 기분이 어떠세요?

   오랫동안 고향을 떠나 살면서 고향 소식이 정말 궁금했는데 직접 와 보니 ____________________.

2. 이번에 선본 분과 결혼하신다는 소문이 있던데 정말이에요?

   아직 두 번밖에 안 만났는데 그런 소문이 나다니 정말 ____________________.

3. 월드컵에서 4강 신화를 이룬 축구 대표팀에게 격려의 한 말씀 부탁드립니다.

   국민의 한 사람으로서 이렇게 우리 선수들이 잘하는 걸 보니 ____________________고 자랑스럽습니다.

* 자이로드롭

4. 자이로드롭*을 타 본 적 있으세요? 하늘 위에서 멈췄다가 떨어지는 순간 기분이 정말 ____________________.

   그래요? 저도 한번 타 보고 싶네요.

5. 내일 중요한 시험이 있는데 너무 ____________________ 잠을 이룰 수가 없어요.

   너무 걱정하지 마세요. 평소에 열심히 했으니까 시험 잘 볼 거예요.

6. 언니, 아버지 입원하신 병원에 다녀왔어?

   응, 몰라보게 마르신 아버지 얼굴을 뵈니 나도 모르게 ____________________ 참느라 고생했어.

7. 어제 감기 몸살에 걸려서 방에 하루 종일 누워 있었어요. 혼자 사는 사람이 병이 나서 아플 때만큼 ____________________ 때가 없더라고요.

   맞아요. 저도 유학 가서 몸이 아플 때가 제일 힘들었어요.

어휘 2

밑줄 친 표현의 의미를 설명해 보세요.

내일이 첫 출근이라서 가슴이 너무 두근거린다.

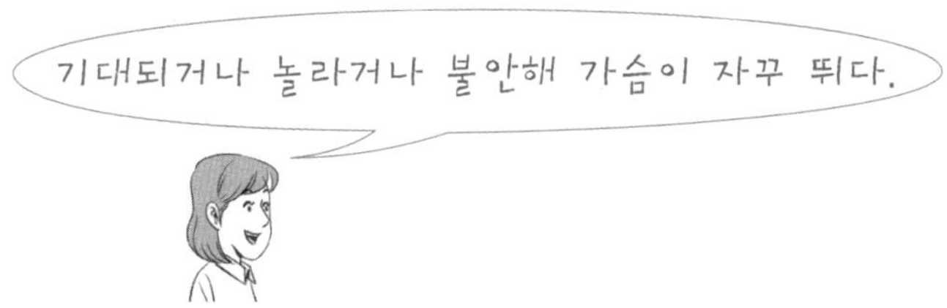

* 오심: 잘못 심판함.

1. 야구 경기에서 3:2로 우리 팀이 이기고 있었는데 심판의 오심*으로 3:4로 지게 되었다. 심판이 정말 원망스럽다.

2. 사람이 많은 버스 정류장 앞에서 넘어졌는데 사람들이 다 나를 쳐다봤다. 그때는 정말 쥐구멍에라도 들어가고 싶은 기분이었다.

3. 지난주에 한국기업의 최종 면접시험을 보았는데 한 시간 후면 결과가 발표된다. 합격일지 불합격일지 짐작조차 할 수 없어서 마음이 조마조마하다.

4. 나는 한국 음식에 관심이 많아서 학원에 다니면서 열심히 요리를 배웠다. 이번 주 일요일에 정성껏 음식을 만들어서 친구들과 함께 먹었는데 친구들이 맛있다고 칭찬해 줘서 마음이 뿌듯했다.

5. 지하철에서 친구와 이야기하다가 급하게 내리느라 선반 위에 노트북을 놓고 내렸다. 노트북에 내일 발표할 자료가 모두 들어 있어서 정말 막막하다.

6. 얼마 전 내 홈페이지에 오랜만에 들어가 봤는데 이상한 광고들이 수없이 올라와 있었다. 내 허락도 없이 홈페이지를 마음대로 이용하다니 정말 기가 막혔다.

7. 나는 사업 실패로 아들의 대학 등록금을 마련해 줄 수 없었다. 하지만 그렇게 가정 형편이 어려운 상황에서도 열심히 노력해 대학을 졸업하는 아들을 보면서 나는 매우 감격스러웠다.

어휘 3

❀ ______에 들어갈 말을 골라 넣으세요.

설레다	긴장이 되다	원망스럽다
초조하다	앞이 캄캄하다	날아갈 듯이 기쁘다

1. 지난 주말에 나는 친구와 명동에 놀러 갔다. 오랜만에 하는 외출이라 마음이 1)______________. 명동에는 볼거리도 많았고 가게가 많아 쇼핑하기에 편했다. 나는 옷을 사려고 여러 가게를 돌아보기 시작했다. 그런데 한 옷 가게에서 마음에 드는 옷을 골라 계산을 하려고 보니 주머니 속 지갑이 없어진 것이 아닌가! 순간 나는 2)______________. 지갑 안에 신분증, 카드, 현금이 들어 있었기 때문이다. 같이 쇼핑하자고 말한 친구가 갑자기 3)______________. 하지만 그때 휴대폰이 울렸다. 방금 전 들렀던 가게의 점원이었다. 내가 옷을 고르다가 지갑을 떨어뜨렸는데 다행히 그 안에 연락처가 적힌 명함이 있었던 모양이었다. 나는 그 점원이 너무 고마웠고 앞으로는 정말 조심해야겠다고 생각했다.

2. 대학 입학시험을 보던 날 나는 그동안 열심히 노력한 만큼 시험을 잘 볼 수 있을까 하는 마음에 매우 1)______________. 하지만 격려해 주시는 부모님과 친구들 덕분에 차분히 최선을 다하자는 생각으로 시험에 임했다. 얼마 후 입학시험 결과가 나왔는데 합격자 대기 명단에 내 이름이 첫 번째로 들어 있었다. 과연 내가 입학을 할 수 있을까 아니면 아쉽게 떨어지게 될까? 나는 며칠 동안 2)______________ 잠도 못 자고 대학에서 연락이 오기만을 기다렸다. 드디어, 기다리고 기다리던 합격 연락이 왔다. 나는 정말 3)______________. 그날은 내 인생 최고의 날이었다.

어휘 4

✿ 다음 그림을 보고 글을 완성해 보세요.

막막하다 | 쥐구멍에라도 들어가고 싶은 기분이다 | 뿌듯하다 | 감격스럽다

한국에 처음 왔을 때 나는 한국어를 하나도 몰라서 정말 막막했다.

____

____

문법과 표현 1

N은/는 말할 것도 없다

A 다음과 같이 메모를 보고 문장을 완성해 보세요.

메모	문장
전쟁으로 노인과 여성들은 물론 아이까지 고통 받고 있음.	기자 : 이번 전쟁으로 인해 노인과 여성들은 말할 것도 없고 어린아이까지 고통을 받고 있습니다.

1.

메모	문장
가격도 싸고 성능도 좋음.	기자 : 이번 서울전자의 신제품은 __________ __________ 성능도 좋아서 소비자들에게 좋은 평가를 받고 있습니다.

2.

메모	문장
경치도 아름답고 문화재도 볼 수 있음.	기자 : 신라의 수도였던 경주는 __________ __________ 문화재도 가까이 볼 수 있어서 외국인들이 많이 찾는 관광지입니다.

3. 시험 성적과 출석률 반영 예정.

기자 : 내년부터 바뀌게 되는 새로운 입시 제도에는 ____________ 출석률도 반영될 예정입니다.

* **나들이:** 외출.

4. 한강시민공원과 놀이공원에 사람이 많음.

기자 : 주말에는 ____________ 놀이공원에도 가족과 함께 나들이* 나온 사람들로 가득합니다.

5. 한국 드라마와 대중가요가 인기임.

기자 : 아시아는 물론 유럽에서도 ____________ 한국 대중가요도 큰 인기를 끌고 있습니다.

B 다음과 같이 대화를 완성해 보세요.

보통 개는 후각이 발달해서 사람이 맡지 못하는 냄새도 잘 맡는다면서요?

후각은 말할 것도 없고 청각도 아주 발달되어 있어요. 그래서 마약 탐지견이나 구조견으로 활동하고 있어요.
(후각 / 청각)

1. 민수 씨는 운동이라면 뭐든 다 잘한다면서요?

   네, ____________.
   (농구 / 테니스)

2. 미나 씨는 카페인이 들어 있는 음료를 싫어한다면서요?

   네, ____________.
   (커피 / 녹차)

3. 정우 씨는 요리에 관심이 많아서 못하는 요리가 없다면서요?

   네, ____________.
   (한국 요리 / 이탈리아 요리)

4. 줄리앙 씨는 외국어를 잘한다면서요?

   네, 대단한 친구예요. ____________.
   (한국어 / 중국어)

5. 스티븐 씨는 여행하는 것을 정말 좋아한다면서요?

네, 세계 50여 개 국가를 여행했는데 ________________________.
아시아 / 아프리카

문법과 표현 2 V-(으)려고 들다

A 다음과 같이 대화를 완성해 보세요.

> 아이가 채소를 잘 먹는 편입니까?
>
> 아니요, 채소는 안 먹고 고기만 먹으려고 들어서 큰일이에요.

1. 우리 아이가 악기를 배워 본 적이 없는데 잘할 수 있을까요?

   뭐든 열심히 하는 아이니까 ____________ 잘할 수 있을 거예요.

2. 선생님, 숙제가 너무 많아서 주말 내내 해야 될 것 같아요. 숙제 좀 줄여 주세요.

   그렇게 어려운 게 아니니까 ____________ 하루 만에 모두 끝낼 수 있을 거예요.

3. 다이어트 한다더니 효과 좀 있어?

   마음먹고 ____________ 살을 쉽게 뺄 줄 알았는데 잘 안 되네. 음식 조절과 운동을 같이 하는 게 쉽지 않아서 말이야.

4. 너 민수하고 싸웠니? 왜 요즘 같이 안 다녀?

   몰라. 며칠 전부터 이유 없이 나하고 말도 안 하고 나를 피해. 일부러 민수 집에 찾아가도 나를 ____________.

5. 저희 아이는 공부에도 전혀 관심이 없고 다른 일에도 의욕이 없어요.

   느긋하게 생각하세요. 한 번에 아이의 모든 것을 ____________지 말고 시간을 가지고 천천히 아이의 재능을 찾아보세요.

B 다음과 같이 문장을 완성해 보세요.

옆집에 크고 무섭게 생긴 불독이 한 마리 있는데 사람만 보면 물려고 들어서 (물다) 큰일이에요.

1. 우리 아이는 밥은 안 먹고 햄버거, 치킨 같은 ______ (패스트푸드만 먹다) 비만이 될까 걱정이에요.

2. 힘든 일이 있으면 ______ (혼자서 해결하다) 지 말고 부모님이나 친구들과 상담을 해 보세요. 더 좋은 해결 방법을 찾을 수 있을 거예요.

3. 내 조카는 공부는 안 하고 시간만 나면 ______ (컴퓨터 게임만 하다). 그 모습을 보고 있으면 한심하다는 생각이 들어요.

4. 아이들이 양치질을 싫어하죠? 그렇다고 해서 억지로 아이에게 ______ (양치질을 시키다) 아이들은 오히려 더 양치질을 싫어하게 됩니다.

5. 정부가 대북 문제를 국민들에게 투명하게 공개했으면 좋겠어요. 정부가 ______ (자꾸 숨기다) 의혹만 더 커지는 것 같아요.

6. 저는 어렸을 때 욕심이 많은 편이었어요. 제 장난감이 많은데도 형이나 동생 것을 억지로 ______ (뺏다) 싸움이 끊이지 않았어요.

읽고 쓰기

다음 수필을 읽고 질문에 답해 보세요.

아버지의 큰 사랑

박찬석(전 경북대 총장)

나의 고향은 경남 산천이다. 지금도 비교적 가난한 곳이다. 그러나 아버지는 가정 형편도 안되고 머리도 안되는 나를 대구로 유학을 보냈다. 대구중학교를 다녔는데 공부가 하기 싫었다. 1학년 8반, 석차는 68명 중에 68등. 꼴찌를 했다. ⓐ성적표를 가지고 고향에 가는 어린 마음에도 그 성적을 내밀 자신이 없었다. 당신이 교육을 받지 못한 한을 자식을 통해 풀고자 했는데, 꼴찌라니……. 끼니를 제대로 잇지 못하는 소작농을 하면서도 아들을 중학교에 보낼 생각을 한 아버지를 떠올리면 그냥 있을 수가 없었다. 그래서 잉크로 기록된 성적표를 '1/68'로 고쳐 아버지께 보여드렸다. 아버지는 보통학교도 다니지 않았으므로 내가 1등으로 고친 성적표를 알아차리지 못할 것으로 생각했다.

대구로 유학한 아들이 집으로 왔으니 친지들이 몰려와 "찬석이는 공부를 잘했더냐?"고 물었다. 아버지는, "앞으로 봐야제……. 이번에는 어쩌다 1등을 했는가 배." 했다. "명순(아버지)이는 자식 하나는 잘 뒀어. 1등을 했으면 책거리를 해야제." 했나.

당시 우리 집은 동네에서 가장 가난한 살림이었다. 이튿날 강에서 멱을 감고 돌아오니 아버지는 한 마리뿐인 돼지를 잡아 동네 사람들을 모아 놓고 잔치를 하고 있었다. 그 돼지는 우리 집 재산 목록 1호였다. 기가 막힌 일이 벌어진 것이다. "아부지……." 하고 불렀지만 다음 말을 할 수가 없었다. 그리고 달려 나갔다. 그 뒤로 나를 부르는 소리가 들렸다. 겁이 난 나는 강으로 가 죽어 버리고 싶은 마음에 물속에서 숨을 안 쉬고 버티기도 했고 주먹으로 내 머리를 내리치기도 했다. ⓑ충격적인 그 사건 이후 나는 달라졌다. 항상 그 일이 머리에 맴돌고 있었기 때문이다.

그로부터 17년 후 나는 대학교수가 되었다. 그리고 나의 아들이 중학교에 입학했을 때, 그러니까 내 나이 45세가 되던 어느 날, 부모님 앞에 33년 전의 일을 사과하기 위해 "어무이……. 저 중학교 1학년 때 1등은요……." 하고 말을 시작하려고 하는데 옆에서 담배를 피우시던 아버지께서 "알고 있었다. 그만해라. 민우(손자)가 듣는다."고 하셨다.

자식의 위조한 성적을 알고도 재산 목록 1호인 돼지를 잡아 잔치를 하신 부모님 마음을, 박사이고 교수이고 대학 총장인 나는 아직도 감히 알 수가 없다.

한국일보(2002. 6. 9.)

1. 이 글의 내용과 다른 것을 고르세요.

① 글쓴이는 중학교 1학년 때 꼴찌를 했다.

② 어릴 때 글쓴이의 집에서 가장 중요한 재산은 돼지였다.

③ 글쓴이의 아버지는 자식이 성적을 위조한 것을 알고 있었다.

④ 글쓴이는 아버지가 잔치를 벌이자 바로 자신의 잘못을 고백했다.

2. ⓐ에서 글쓴이가 느꼈을 감정이 아닌 것은 무엇입니까?

① 막막하다

② 앞이 캄캄하다

③ 가슴이 벅차다

④ 쥐구멍에라도 들어가고 싶은 기분이다

3. ⓑ의 의미는 무엇입니까?

① 집에서 가출하기로 마음먹었다.

② 아버지를 원망하지 않기로 했다.

③ 공부를 열심히 하겠다고 다짐했다.

④ 더 이상 유학 생활을 하지 않기로 결심했다.

4. 이 글을 읽은 사람의 반응으로 적절한 것을 고르세요.

① 민수 : 자식이 잘못을 했을 때는 바로 야단을 쳐야 효과가 있겠군.

② 정우 : 자식을 위해서라면 전 재산이 아깝지 않은 게 부모의 마음이군.

③ 나나 : 자신의 부모님을 기쁘게 하기 위해서 거짓말을 할 줄도 알아야 하는군.

④ 유진 : 자기 자식에게 속다니 역시 교육을 많이 받아야 자식을 잘 가르칠 수 있군.

5. 한국어를 배우면서 잊지 못할 순간이 있었습니까? 여러분의 경험을 메모하고 글을 써 보세요.

시간과 장소	
경험 내용	
그때의 느낌과 생각	

2. 소나기

어휘 1

알맞은 말을 골라 문장을 완성해 보세요.

풋풋하다	안타깝다	서먹서먹하다	그리워지다
애(가) 타다	가슴이 뛰다	추억을 떠올리다	가슴이 찢어지다

1. 얼마 전 일어난 아파트 화재 현장에서 소방대원 2명이 사람들을 구하다가 희생되었다. 장례식에 참석한 가족들은 ________________ 것처럼 울었다.

2. 유명 영화제에서 수상한 배우의 고등학교 때 사진이 인터넷 신문에 소개되었다. 사진을 본 팬들은 배우의 어릴 적 모습이 신선하고 ________________는 반응이다.

3. 마음 아프게 헤어진 첫사랑과 다시 만나게 되었다. 나는 다시 옛날로 돌아간 것처럼 설레고 ________________.

4. 친구와 크게 싸운 뒤에 오랜만에 모임에서 만나게 되었다. 아직 화해를 하지 않아서 그런지 ________________ 불편하다.

5. 학창 시절에 찍은 사진을 보며 정성을 다해 우리를 가르치셨던 선생님, 같이 공부하던 친구들과의 ________________곤 한다.

6. 오랫동안 짝사랑해 온 사람에게 고백을 했다. 고백한 후로 그 사람이 전화도 받지 않고 아무 연락도 없어서 ________________.

7. 폐지*를 모아 어렵게 생활하시는 할머니의 ________________ 사연이 방송에 소개된 후 할머니를 도우려는 이웃의 손길이 이어졌다.

* **폐지:** 쓰고 버린 종이.

어휘 2

밑줄 친 표현의 의미를 설명해 보세요.

결혼하고 보니 부모님을 생각할 때마다 애틋한 마음이 든다. 부모님 곁에 있을 때 부모님께 더 잘해 드리지 못해 죄송스럽다.

1. 노래를 못하는데 어쩔 수 없이 친구들 앞에서 노래를 부르게 되어 여간 쑥스러운 게 아니다.

2. 급히 운전을 하다가 앞차와 부딪칠 뻔했다. 너무 놀라서 심장이 멎는 것 같았다.

3. 이번에 개봉하는 영화는 암에 걸린 여주인공과 그 여자를 옆에서 지켜볼 수밖에 없는 남자의 애절한 사랑을 다루고 있다.

4. 대학교 동창들과 학창 시절에 자주 가던 커피숍에 가게 되었다. 대학 때 이야기를 하다 보니 순수했던 그 시절이 그리워졌다.

5. 밤낮으로 아르바이트를 하며 힘들게 학교에 다니던 친구가 교통사고가 나서 크게 다쳤다. 병원비를 마련할 수 없어서 치료를 포기하겠다는 친구의 말을 듣고 가슴이 저렸다.

6. 어머니와 딸에 대한 영화를 보면서 돌아가신 어머니가 떠올랐다. 영화 속 주인공이 우는 장면에서 나도 감정이 복받쳐서 울고 말았다.

7. 칼국수를 먹을 때면 어렸을 때 칼국수를 자주 해 주시던 외할머니의 얼굴이 아련하게 떠오른다.

어휘 3

❀ 다음 상황에서 어떤 감정을 느낄지 써 보세요.

풋풋하다	쑥스럽다	그리워지다	서먹서먹하다	애(가) 타다
가슴이 뛰다	가슴이 저리다	가슴이 찢어지다	추억을 떠올리다	

1\.

지리산에 간 아들하고 연락이 안 돼요. 뉴스에서 지리산 쪽에 눈이 많이 왔다고 해서 계속 휴대 전화로 전화해 봤지만 전화기가 꺼져 있다고 하네요. 정말 애가 타서 자리에 앉아 있지 못하겠어요.

2\.

1년 전부터 회사 동료를 짝사랑하고 있었어요. 부끄러워서 그 남자랑 말도 잘 못 하고 그랬는데 오늘 그 남자가 저를 좋아한다며 사귀자고 했어요. ______________________.

3\.

며칠 후에 이사를 가게 돼서 이삿짐을 정리하다가 어린 시절에 가지고 놀던 물건을 찾았어요. ______________________.

4\.

5년 동안 사귄 사람이 다른 사람을 좋아한다면서 오늘 저한테 헤어지재요. 전 그 사람밖에 없는데 ______________________.

5\.

대학교 1학년 때 혼자 좋아하던 여자의 소식을 오늘 들었어요. 아직 결혼도 안 하고 남자 친구도 없대요. 지금이라도 고백을 해 보고 싶은데 ______________________.

어휘 4

빈칸에 들어갈 말을 넣어 보세요.

가		a						b
						나c 만	나	다
다d				e				f
			g		라			
	마							

가로 열쇠 (⇨)	
가	얼굴빛이 창백하다
나	사람과 마주 대하다, 보다
다	몇 갈래로 나누어진 길
라	춥거나, 놀라거나, 무서워서 얼굴색이 변하다
마	시키는 대로 따라서

세로 열쇠(⇩)	
a	너무
b	(물 등의) 양이 많아지다
c	부드럽게 계속 만지다
d	갈대가 많이 있는 곳
e	흐리거나 비 오던 날씨가 맑아지다
f	얼룩이나 때가 없어지다
g	똑바로 오래 쳐다보는 모양

문법과 표현 1

A-(으)ㄴ/V-는 양

A 그림을 보고 문장을 완성해 보세요.

1. 

자습 시간에 갑자기 선생님이 들어오셨다. 장난하던 학생이 열심히 공부하는 양 책을 보기 시작했다.

2. 

아내가 남편에게 일어나라고 몇 번이나 말했다. 하지만 남편은 그 말을 ____________ 계속 잠을 잤다.

3. 

조카가 연극에서 나비 역할을 맡았다. 조카는 ____________ 두 팔을 열심히 흔들어 댔다.

4. 

나나와 민수가 심하게 다투었다. 다음 날 학교에서 만난 두 사람은 서로 ____________ 지나쳐 갔다.

5. 

룸메이트와 오늘 대청소를 하기로 했다. 그런데 나는 청소하기 싫어서 ____________ 계속 책상에 엎드려 있었다.

B 문장을 완성해 보세요.

1. 그는 누군가의 전화를 받더니 매우 바쁜 일이 있는 양 급하게 전화를 끊었다.

2. 상사가 갑자기 사무실에 들어오니 인터넷 쇼핑을 하고 있던 신입 사원은 ____________ 컴퓨터 자판을 두드리기 시작했다.

3. 별로 만나고 싶지 않은 사람을 우연히 길에서 만났는데 ____________ 인사를 했다.

4. 소꿉놀이*를 하면서 아이는 ____________ 열심히 요리하는 흉내를 냈다.

5. 민수 씨는 요리 솜씨가 없는 여자 친구가 만들어 온 케이크를 ____________ 억지로 다 먹었다.

* **소꿉놀이:** 아이들이 엄마나 아빠를 흉내 내며 하는 놀이.

문법과 표현 2　A/V-(으)리라

A 문장을 완성해 보세요.

1.

민수가 우리 반에서 계속 우등상을 받았다. 이번 시험에서도 아마 민수가 우등상을 받으리라 예상된다.

2.

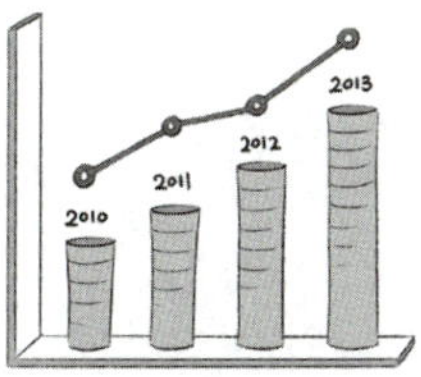

작년에 비해 올해 물가가 많이 올랐다. 이러한 추세라면 내년에도 계속 ____________ 예상된다.

3.

하늘에 갑자기 구름이 많이 끼었다. 아마 ____________ 생각된다.

4. 

대통령 후보 A 씨는 국민들로부터 70%가 넘는 지지를 받고 있다. 아마 이번 대통령 선거에서 A 씨가 ______________ 생각된다.

* **삭감하다:** 월급 등을 깎아 줄이다.

5. 

회사 사정이 좋지 않아서 직원들의 월급을 10% 삭감하기* 로 했다. 아마도 회사의 이런 조치에 직원들이 강력히 ______________ 예상된다.

B 다음과 같이 써 보세요.

> 민수가 시험을 보면서 계속 하품을 했다. 아마 어젯밤에 늦게까지 시험공부를 했으리라 생각된다.

1. 여동생이 소개팅을 한다고 나갔다가 한 시간도 안 되어 돌아왔다. ______________________________.

2. 요즘 거의 모든 건물마다 CCTV가 설치되어 있다. ______________________________.

3. 최근 건강에 대한 사람들의 관심이 높아지고 있다. ______________________________.

* **생활한복:** 활동하기 편하게 디자인한 한복.

4. 영화배우 O 씨가 최근 방송에서 생활한복*을 입고 나와 사람들의 눈길을 끌었다. ______________________________.

5. 가뜩이나 길이 막히는 월요일 아침인데 눈까지 내리고 있다. ______________________________.

읽고 쓰기

다음 수필을 읽고 질문에 답해 보세요.

인연

(…) 성심 학원 소학교 일 학년인 아사코는 어느 토요일 오후 나와 같이 저희 학교까지 산보를 갔었다. 유치원부터 학부까지 있는 가톨릭 교육 기관으로 유명한 이 여학원은 시내에 있으면서 큰 목장까지 가지고 있었다. 아사코는 자기 신발장을 열고 교실에서 신는 하얀 운동화를 보여 주었다.

내가 동경을 떠나던 날 아침, 아사코는 내 목을 안고 내 뺨에 입을 맞추고, 제가 쓰던 작은 손수건과 제가 끼던 작은 반지를 이별의 선물로 주었다. 옆에서 보고 있던 선생 부인은 웃으면서 ㉠"한 십 년 지나면 좋은 상대가 될 거예요." 하였다. 나는 얼굴이 뜨거워지는 것을 느꼈다. 나는 아사코에게 안델센의 동화책을 주었다.

그 후 십 년이 지나고 삼사 년이 더 지났다. 그동안 나는 국민학교 일 학년 같은 ⓐ예쁜 여자 아이를 보면 아사코 생각을 하였다. 내가 두 번째 동경에 갔던 것도 사월이었다. 동경역 가까운 데 여관을 정하고 즉시 미우라 선생 댁을 찾아갔다. 아사코는 어느덧 청순하고 세련되어 보이는 영양(令孃)이 되어 있었다. 그 집 마당에 피어 있는 ⓑ목련꽃과 같이. 그때 그는 성심 여학교 영문과 삼 학년이었다. 나는 좀 서먹서먹했으나, 아사코는 나와의 재회를 기뻐하는 것 같았다. 아버지, 어머니가 가끔 내 말을 해서 나의 존재를 기억하고 있었나 보다.

그날도 토요일이었다. 저녁 먹기 전에 같이 산책을 나갔다. 그리고 계획하지 않은 발걸음은 성심 여학원 쪽으로 옮겨졌다. ⓒ캠퍼스를 누루 거닐다가 돌아올 무렵, 나는 아사코 신발장은 어디 있느냐고 물어보았다. 그는 무슨 말인가 하고 나를 쳐다보다가 교실에는 구두를 벗지 않고 그냥 들어간다고 하였다. 그리고는 갑자기 뛰어가서 그날 잊어버리고 교실에 두고 온 우산을 가지고 왔다. 지금도 나는 ⓓ여자 우산을 볼 때면 연두색이 고왔던 그 우산을 연상한다. 〈쉘부르의 우산〉이라는 영화를 내가 그렇게 좋아한 것도 아사코의 우산 때문인가 한다. 아사코와 나는 밤늦게까지 문학 이야기를 하고 가벼운 악수를 하고 헤어졌다. 새로 출판된 버지니아 울프의 소설 〈세월〉에 대해서도 이야기한 것 같다. (…)

그 집에 들어서자 마주친 것은 백합같이 시들어가는 아사코의 얼굴이었다. 〈세월〉이란 소설 이야기를 한 지 십 년이 더 지났었다. 그러나 그는 아직 싱싱하여야 할 젊은 나이이다. 남편은 내가 상상한 것과 같이 일본 사람도 아니고, 미국 사람도 아닌, 그리고 진주군 장교라는 것을 뽐내는 것 같은 사나이였다. 아사코와 나는 절을 몇 번씩하고 악수도 없이 헤어졌다.

그리워하는데도 한 번 만나고는 못 만나게 되기도 하고, 일생을 못 잊으면서도 아니 만나고 살기도 한다. 아사코와 나는 세 번 만났다. ㉡세 번째는 아니 만났어야 좋았을 것이다.

〈피천득, 인연, 2002〉

1. 이 글의 내용과 같은 것을 고르세요.

① 아사코는 처음에는 이 사람을 무서워했다.
② 이 사람은 동경에서 소학교 교사로 일한 적이 있다.
③ 여대생이 된 아사코는 이 사람을 아직도 기억하고 있었다.
④ 이 사람은 아사코와 결혼을 약속했지만 아사코는 다른 남자와 결혼했다.

2. 다음 중 의미하는 것이 다른 것을 고르세요.

① ⓐ 예쁜 여자 아이
② ⓑ 목련꽃
③ ⓒ 캠퍼스
④ ⓓ 여자 우산

3. 글쓴이는 ㉠과 같은 말을 들었을 때 마음이 어땠을까요?

4. 글쓴이는 왜 ㉡과 같이 말했을까요?

5. 여러분은 언제 첫사랑을 했습니까? 첫사랑의 추억에 대해 메모하고 글을 써 보세요.

언제?	
누구와?	
어떤 추억?	

복습 1

어휘

1. 정리하기

다음에서 알고 있는 어휘에 √ 해 보세요.

1-1.

- ☐ 우유부단하다
- ☐ 기회주의적이다
- ☐ 자기중심적이다
- ☐ 주도적이다
- ☐ 합리적이다
- ☐ 리더십이 있다
- ☐ 융통성이 없다
- ☐ 추진력이 있다
- ☐ 카리스마가 있다
- ☐ 도전 정신이 강하다
- ☐ 승부욕이 강하다
- ☐ 자기주장이 강하다
- ☐ 책임감이 강하다
- ☐ 대인 관계가 원만하다
- ☐ 일 처리가 꼼꼼하다

1-2.

- ☐ 공공의 이익
- ☐ 국민의 알 권리
- ☐ 논란이 되다
- ☐ 화제가 되다
- ☐ 명예를 훼손하다
- ☐ 인권을 존중하다
- ☐ 인권을 침해하다
- ☐ 사생활을 보호하다
- ☐ 사생활을 침해하다
- ☐ 초상권을 보호하다
- ☐ 초상권을 침해하다
- ☐ 신상 정보가 유출되다
- ☐ 개인 정보를 보호하다
- ☐ 범죄 예방 효과가 있다
- ☐ 대중의 호기심을 만족시키다

2-1.

- ☐ 서럽다
- ☐ 설레다
- ☐ 막막하다
- ☐ 뿌듯하다
- ☐ 조마조마하다
- ☐ 짜릿하다
- ☐ 초조하다
- ☐ 감격스럽다
- ☐ 원망스럽다
- ☐ 두근거리다
- ☐ 긴장(이) 되다
- ☐ 가슴이 벅차다
- ☐ 감회가 새롭다
- ☐ 기(가) 막히다
- ☐ 앞이 캄캄하다
- ☐ 어이(가) 없다
- ☐ 날아갈 듯이 기쁘다
- ☐ 왈칵 눈물이 쏟아지다
- ☐ 쥐구멍에라도 들어가고 싶은 기분이다

2-2.

- ☐ 아련하다
- ☐ 애절하다
- ☐ 애틋하다
- ☐ 풋풋하다
- ☐ 서먹서먹하다
- ☐ 쑥스럽다
- ☐ 안타깝다
- ☐ 그리워지다
- ☐ 애(가) 타다
- ☐ 감정이 복받치다
- ☐ 가슴이 뛰다
- ☐ 가슴이 저리다
- ☐ 가슴이 찢어지다
- ☐ 추억을 떠올리다
- ☐ 심장이 멎는 것 같다

2. 평가하기

[1-4] 다음 (　　　　　　)에 알맞은 것을 고르세요.

1. 최 대리는 (　　　　　　) 없이 원칙대로만 일을 처리해서 갑자기 상황이 바뀌면 잘 대처하지 못한다.
   ① 책임감　② 융통성　③ 승부욕　④ 추진력

2. 경찰은 (　　　　　　)을/를 보호하기 위해서 범인의 얼굴을 마스크로 가리게 하였다.
   ① 공익　② 인권　③ 자존심　④ 호기심

3. 길에서 우연히 중학교 동창을 만났는데 오랜만이라 그런지 어색하고 (　　　　　　).
   ① 풋풋했다　② 초조했다　③ 조마조마했다　④ 서먹서먹했다

4. 무거운 짐을 들고 계단을 오르고 있는 할머니를 도와드렸다. 이것을 보고 주변 사람들이 나를 칭찬하니까 몹시 (　　　　　　).
   ① 아련했다　② 애틋했다　③ 안타까웠다　④ 쑥스러웠다

[5-8] 다음 밑줄 친 부분과 바꿔 쓸 수 있는 말을 고르세요.

5. 진정한 리더는 집단 내에 어떤 문제가 발생했을 때 언제나 <u>중심이 되어 집단을 이끌고</u> 일을 처리해 나가야 한다. 즉, 좋은 리더란 스스로 모두에게 모범을 보여야 한다.
   ① 주도적으로　② 이기적으로
   ③ 순간적으로　④ 자기중심적으로

6. 최근 한 국회 의원이 고의적으로 세금을 내지 않은 사람들도 신상 공개를 해야 된다고 주장했다. 국회 의원의 주장에 대해 여러 가지 <u>찬반 의견이 제기되고 있다</u>.
   ① 논란이 되고 있다　② 호기심이 커지고 있다
   ③ 비난이 쏟아지고 있다　④ 합의가 이루어지고 있다

7. 대학교 3학년 여름 방학 때 유럽 배낭여행을 떠났다. 그런데 이탈리아의 한 시장에서 여권이 든 가방을 잃어버려서 어떻게 해야 할지 몰라 몹시 당황했던 적이 있다.

① 감격스러웠던 ② 앞이 캄캄했던

③ 감회가 새로웠던 ④ 앞뒤가 맞지 않았던

8. 일본으로 유학 가는 여자 친구를 공항까지 배웅해 주고 돌아오는데 버스 안에서 그녀와 함께 들었던 노래가 흘러 나왔다. 슬픈 노래도 아니었는데 감정이 격해져서 그만 울고 말았다.

① 가슴이 뛰어서 ② 가슴이 설레서

③ 감정이 복받쳐서 ④ 감정이 메말라서

[9–11] 다음 ( )에 공통적으로 들어갈 단어를 고르세요.

9.

부모는 아이들이 잠재력을 잘 ( ) 수 있도록 도와야 한다.
어머니는 가끔 주말에 손님을 초대해 요리 솜씨를 ( )곤 하셨다.
그 선수는 이번 대회에서 실력을 제대로 ( ) 못했다며 속상해 했다.

① 기르다 ② 키우다 ③ 발휘하다 ④ 자랑하다

10.

한동안 추웠는데 2월 중순이 지나니 추위가 ( ).
친구들의 응원을 받으니 시험을 앞두고 긴장된 마음이 다소 ( ).
화가 난 어머니는 내 설명을 들으시고 얼굴빛이 한결 ( ).

① 좋아지다 ② 가라앉다 ③ 달아오르다 ④ 누그러지다

11.

잘못한 사람이 ( ) 큰소리를 쳤다.
사람들은 여름에 살이 빠진다고 하는데 나는 ( ) 살이 쪘다.
나를 걱정해 주는 친구들의 말이 힘이 되기는커녕 ( ) 나를 불안하게 만들었다.

① 묵묵히 ② 도리어 ③ 순순히 ④ 도무지

[12-13] 다음 밑줄 친 부분이 어색한 것을 고르세요.

12. ① 날씨가 하도 더워서 에어컨 판매가 급증했다.
② 너무 배가 고파서 친구가 준 빵을 허겁지겁 먹었다.
③ 내가 한국말을 했더니 외국인이 내 얼굴을 빤히 쳐다봤다.
④ 이따 여자 친구를 만날 생각을 하니 왈칵 행복한 기분이 들었다.

13. ① 여행을 갔을 때 한눈팔다가 길을 잃은 적이 있다.
② 사업이 망해서 우리 집이 남의 손에 넘어가게 되었다.
③ 그 드라마는 주인공 남녀의 결혼으로 대미를 장식했다.
④ 20년 만에 중학교 동창을 만나 너무 반가워서 뒷걸음질을 쳤다.

[14-15] 다음을 읽고 질문에 답해 보세요.

도시철도공사는 9월부터 지하철 객실에 CCTV를 (㉠) 했다. 이번 조치는 지하철 이용객들의 안전을 보장하기 위한 것이며 계속되는 크고 작은 (㉡) 데에 도움이 될 것이다. 또한 범죄가 발생했을 때 범인을 조속히 검거하는 데에도 중요한 역할을 할 것으로 예상된다. 그러나 CCTV로 인한 사생활 침해와 인권 침해에 대한 우려의 목소리도 높아지고 있다.

14. ㉠에 알맞은 것을 고르세요.
① 없애기로 ② 배치하기로
③ 설치하기로 ④ 설계하기로

15. ㉡에 알맞은 것을 고르세요.
① 범죄를 예방하는 ② 인권을 보호하는
③ 신상을 공개하는 ④ 사생활을 보호하는

문법과 표현

1. 정리하기

다음에서 알고 있는 문법과 표현에 √ 해 보세요.

1-1. □ 민수는 운동을 좋아해서 농구를 하**건** 축구를 하**건 간에** 정말 잘해요.

□ 나는 성격이 꼼꼼하지 못해서 지갑이나 휴대 전화 같은 물건을 자주 잃어버리**기 일쑤예요**.

1-2. □ 여행을 가고 싶은데 돈도 많이 들**거니와** 시간을 내기 어려워서 못 가고 있다.

□ 성범죄자의 인권을 침해한**다손 치더라도** 신상 정보를 공개해야 성범죄를 줄일 수 있다.

2-1. □ 갑자기 소나기가 와서 가방**은 말할 것도 없고** 속옷까지 다 젖었어요.

□ 피아노 치는 것이 어려워 보이지만 집중해서 배우**려고만 들면** 잘 칠 수 있을 거예요.

2-2. □ 한국어가 서툰 줄리앙은 무슨 말인지 잘 모르면서도 다 알아듣**는 양** 웃고 있었다.

□ 기온이 매일 30도를 웃돌았는데 내일부터 비가 오니까 기온이 좀 떨어지**리라** 예상된다.

2. 평가하기

[1-3] 다음 밑줄 친 부분과 바꾸었을 때 의미가 가장 비슷한 것을 고르세요.

1. 소녀는 자신이 모델이 된 양 거울 앞에서 포즈를 취했다.

① 모델인들 ② 모델이 된 것처럼

③ 모델만 해도 ④ 모델임에도 불구하고

2. 아무리 생각이 없다손 치더라도 어떻게 아기 앞에서 담배를 피울 수 있어요?

① 없도록 ② 없다고 해도

③ 없으니만큼 ④ 없을 뿐만 아니라

3. 헤어진 지 한 시간이 지났으니 지금쯤이면 그녀가 집에 도착했으리라 생각된다.

① 도착한 셈 치고 ② 도착하기 무섭게

③ 도착했기 망정이지 ④ 도착했을 것이라고

[4-8] 다음 (   )에 알맞은 것을 고르세요.

4\. 어제 한국 친구에게 한국의 전통 과자인 한과를 선물로 받았다. (   ) 포장도 아주 예뻐서 선물을 받고 기분이 좋았다.

① 맛은커녕
② 맛으로 인해서
③ 맛만 해도
④ 맛도 맛이려니와

5\. 이번 태풍으로 인해 많은 지역이 물에 잠기고 피해를 입었다. 사과, 배 등을 재배하는 과수 농가는 (   ) 축산 농가의 피해도 크다.

① 말할 뻔하고
② 말하기 일쑤고
③ 말할 것도 없고
④ 말할 리 만무하고

6\. 여러분, 어려운 소년 소녀 가장을 위해 성금 모금을 부탁드립니다. 금액이 (   ) 상관없습니다. 여러분의 따뜻한 마음을 모아 주시면 감사하겠습니다.

① 많아도
② 많다지만
③ 많거니와
④ 많건 적건

7\. "함께 길을 가는 세 사람 가운데 반드시 나의 스승이 될 만한 사람이 있다."는 말이 있다. 이 말처럼 (   ) 누구에게나 배울 것이 있고 하찮게 여기면 아무것도 배울 수 없게 된다. 인생에서는 삶의 태도가 다른 무엇보다도 더 중요하다.

① 배운 끝에
② 배웠던들
③ 배우거니와
④ 배우려고 들면

8.

> 우리는 공익과 개인의 인권이 부딪힐 때를 종종 목격하게 된다. 그런데 아무리 공익이 (　　　　　) 개인의 인권을 쉽게 무시해서는 안 된다.

① 중요한 한　　　　② 중요하리라

③ 중요한 나머지　　　　④ 중요하다손 치더라도

[9–10] 다음을 읽고 (　　　　　)에 알맞은 것을 고르세요.

> 나는 어릴 때부터 집안에서 조용히 있기보다는 활발하게 밖에서 뛰어놀기를 좋아하는 성격이었다. 그래서 친구들과 놀다가 (　　㉠　　). 하루는 친구와 축구를 하다가 빠르게 날아오는 공에 얼굴을 정면으로 맞아 심하게 다쳤던 적이 있다. 코피가 난 것은 (　　㉡　　) 코뼈까지 부러져 결국 수술을 하게 되었다. 그렇지만 수술한 후에도 친구들과 밖에서 심하게 놀았다. 그래서 어머니는 조심하라는 말을 늘 입에 달고 사셨다.

9. ㉠에 알맞은 것을 고르세요.

① 다칠 뻔했다　　　　② 다치기 일쑤였다

③ 다칠 수 없다　　　　④ 다칠 리 만무하다

10. ㉡에 알맞은 것을 고르세요.

① 말할 수 없고　　　　② 말할 것도 없고

③ 말하기도 그렇고　　　　④ 말했던 것과 같이

읽기와 쓰기

1. 다음은 신문 기사의 제목입니다. 가장 잘 설명한 것을 고르세요.

연예인들, 사라졌으면 하는 팬 문화 1위, 사생활 침해

① 연예인이 되려면 사생활이 침해되는 것을 어느 정도 감수해야 한다.
② 사생활 침해가 앞으로 없어졌으면 좋겠다고 생각하는 연예인들이 많다.
③ 연예인들은 자신들의 사생활이 침해당하고 있는 것을 당연하게 생각한다.
④ 유명한 연예인들은 사생활 침해로 고통받고 있어서 연예계를 떠나려 하고 있다.

[2-3] 다음을 읽고 질문에 답해 보세요.

최근 성범죄가 급증하고 있는 상황에서 성범죄자들의 신상 정보 공개에 대한 논란이 계속되고 있다. 나는 성범죄자의 신상 공개에 대해 찬성하는 입장이다. 왜냐하면 신상 정보를 공개하면 물론 문제도 생기겠지만 그것보다는 효과가 더 크다고 생각하기 때문이다.

우선 성범죄자의 신상 정보를 공개하면 성범죄를 예방할 수 있다. 성범죄는 다른 범죄와 달리 주로 힘이 약한 어린아이들이나 여성들을 대상으로 이루어진다. 그리고 그 정신적인 상처가 평생 동안 남는 특수한 범죄이기 때문에 범죄가 일어나기 전에 예방하는 것이 가장 중요하다. (   ) 범죄자의 인권이 다소 침해된다손 치더라도 많은 어린아이들과 여성들을 성범죄로부터 안전하게 지킬 수 있다.

또 다른 효과는 성범죄를 저지르고 싶은 욕구를 가진 사람들이 신상 정보가 공개되어 자신뿐만 아니라 가족들이 당하게 될 어려움을 생각하며 범죄를 쉽게 저지르지 못하도록 방지할 수 있다는 것이다. 이 두 가지 이유로 나는 성범죄자의 신상 공개에 찬성한다.

2. 이 글의 중심 내용으로 가장 알맞은 것을 고르세요.

① 성범죄는 그 상처가 평생 동안 남는 특수한 범죄다.

② 성범죄자의 신상 정보 공개 방식을 바꿀 필요가 있다.

③ 성범죄자의 신상 정보 공개는 범죄 예방을 위해 꼭 필요하다.

④ 성범죄자의 신상 정보 공개는 범죄자의 가족들에게 피해를 줄 수 있다.

3. (   )에 들어갈 내용으로 알맞은 것을 고르세요.

① 성범죄자를 신고하면

② 성범죄자를 이주시키면

③ 성범죄자의 신상 정보를 공개하면

④ 성범죄자가 다른 곳으로 이사 가면

[4-6] 다음을 읽고 질문에 답해 보세요.

나는 러시아에서 한국인 어머니와 러시아인 아버지 사이에서 외아들로 태어났다. 집에서는 주로 러시아어를 썼기 때문에 한국말은 아주 기초적인 수준으로만 할 수 있었다. 그런데 대학 때 한 수업에서 한국에서 유학 온 '이승훈'이라는 친구를 만났다. (㉠) 그는 자기에게 러시아어를 좀 가르쳐 줄 수 없겠느냐면서 나에게 도움을 청했다. 나는 그 친구와 금방 친해졌다. 그리고 그에게 러시아어를 가르쳐 주면서 나도 한국어를 배우게 되었다. (㉡) 그것이 계기가 되어 나는 어머니의 나라인 한국에 관심을 갖게 되었다. 그리고 내 안에 한국인의 피가 흐르고 있다는 것을 깨닫고 한국 문화와 역사, 언어에 대해 공부하기 시작했고 한국으로 유학까지 오게 되었다. 원래 내 전공은 러시아 문학이었는데 한국에 유학을 오면서 한국어 교육으로 전공을 바꾸었다. (㉢) 한 사람과의 만남이 내 인생을 이렇게 바꾸어 놓을지 몰랐다. 지금도 승훈이는 나의 가장 소중한 친구이다. (㉣) 앞으로 나도 누군가의 인생에 좋은 영향을 미칠 수 있는 사람이 되길 기대한다.

4. 다음 문장이 들어갈 곳을 고르세요.

> 왜냐하면 승훈이와의 만남을 통해 한국어에 빠져들게 되었고 이 재미있는 한국어를 러시아 학생들에게 가르쳐 주고 싶었기 때문이다.

① ㉠ ② ㉡ ③ ㉢ ④ ㉣

5. 이 글의 내용과 일치하는 것을 고르세요.

① 나는 러시아 친구들에게 한국어를 가르쳐 주었다.
② 나는 한국어를 잘해서 한국인 친구와 금방 친해졌다.
③ 나는 어릴 때부터 한국 역사와 문화에 관심이 많았다.
④ 나는 대학 때 만난 한국 친구에게 많은 영향을 받았다.

6. 여러분의 인생에서 잊지 못할 만남이 있습니까? 이야기해 보세요.

7. 인생에서 잊지 못할 만남에 대해 써 보세요.

나는 원래 ______________________ 아이였다. 그런데 ______ 을/를 만나면서부터 성격이나 인생에 대한 태도가 많이 바뀌었다. 그 사람은 바로 나의 ______________________.

____

____.

인생은 어떤 사람을 만나느냐에 따라 많이 달라지는 것 같다. 나는 이 만남을 통해서 마음을 나눌 수 있는 사람이 누군가의 삶을 변화시킬 수 있는 큰 힘을 가지고 있다는 것을 알게 되었다.

듣기와 말하기

1. 무엇에 대해 이야기하고 있는지 고르세요. track 2

① 기술 개발 방법
② 기업의 발전 과정
③ 회사 경영의 어려움
④ 인재 발굴의 중요성

[2~3] 다음 대화를 듣고 질문에 답해 보세요. track 3

2. 남자의 태도로 맞는 것을 고르세요.
① 사례를 들어 자신의 의견을 말하고 있다.
② 상대방의 주장을 전혀 들으려 하지 않는다.
③ 일관된 시각으로 자신의 주장을 이야기하고 있다.
④ 상대방의 의견을 수용하고 해결 방법을 모색하고 있다.

3. 여자의 생각으로 가장 알맞은 것을 고르세요.
① 회사에는 다양한 인재가 필요하다.
② 도전 정신이 강한 사람은 창의적이다.
③ 일처리가 빠른 직원은 실수하기 쉽다.
④ 꼼꼼한 사람은 변화에 대처하지 못한다.

[4~5] 다음 강연을 듣고 질문에 답해 보세요. track 4

4. 들은 내용과 같은 것을 고르세요.
① 사람들은 일상적인 일들을 쉽게 잊어버린다.
② 아무리 사소한 일이라도 평생 기억될 수 있다.
③ 첫사랑과 첫 월급은 살면서 가장 기억에 남는 일이다.
④ 처음 경험한 일이라도 특별하지 않으면 오래 기억할 수 없다.

5. 여자의 생각으로 가장 알맞은 것을 고르세요.

① 사람들의 첫 경험은 항상 중요하다.

② 사람들은 친절을 베푸는 사람을 잊지 못한다.

③ 같은 일을 경험해도 사람마다 다르게 기억한다.

④ 사람을 대할 때 처음 대하는 것처럼 신중해야 한다.

6. 여러분이 처음 한국에 와서 경험한 일에 대해 이야기해 보세요.

가장 기뻤던 일　　가장 슬펐던 일　　가장 당황했던 일

시간과 장소	• ~년 전 어느 날 ~에서 있었던 일이에요. • 지금으로부터 ~년 전 ~ 때 있었던 이야기예요.
인물의 말과 행동	• 인물이 처한 상황 • 인물이 한 말과 행동 • 인물이 그 행동을 한 이유
느낌이나 생각	• 느낌이나 생각 • 주위 사람들의 반응 • 경험 후 달라진 점

III 경제와 생활

1 물가 이야기

어휘 물가와 경제

문법과 표현
- N에도 불구하고
- V-자

읽기와 쓰기
- 물가 전망에 대한 기사 읽기
- 물가 상승 요인에 대한 설명문 쓰기

2 경제와 무역

어휘 경제와 무역

문법과 표현
- N(으)로 보다
- A-(으)ㄴ/V-는 가운데

읽기와 쓰기
- 공정 무역에 대한 설명문 읽기
- 공정 무역의 개념과 정의, 장단점 설명하는 글 쓰기

1. 물가 이야기

어휘 1

서로 관계있는 것끼리 연결하고 문장을 완성해 보세요.

물가가	인하하다	가격을 낮추다
가격을	감소하다	물건을 살 수 있는 능력이 커지다
생산량이	늘다	물건, 제품값이 전체적으로 오르다
소비가	증가하다	물건이나 제품을 사는 일이 늘어나다
소득이	오르다	월급 등이 줄어들다
구매력이	높아지다	물건이나 제품을 만드는 양이 많아지다

1. 요즘 교통 요금이나 생필품 등 모든 부문에서 물가가 올라서 서민들이 살기 어렵다는 말을 많이 한다.

2. 작년에는 수박이 아주 비쌌기 때문에 올해 많은 농가가 수박을 재배했다. 그래서 수박 ____________ 수박값이 큰 폭으로 떨어졌다.

3. 최근 개점한* 백화점에서 홍보를 하기 위해 모든 상품의 ____________ 많은 사람들이 몰려들었다.

* **개점하다**: 가게 등이 영업을 시작하다.

4. 최근 일하는 여성이 증가하면서 여성의 경제적 능력이 향상되었다. 그래서 텔레비전 광고에서는 ____________ 여성을 대상으로 해 화장품, 의류 등의 다양한 상품을 적극적으로 홍보하고 있다.

5. 와인이 심장병을 예방한다는 연구 결과가 발표된 후 전 세계적으로 와인의 ____________.

6. 우리 부모님은 조그마한 과수원*을 하신다. 그런데 올여름 심한 가뭄으로 농사를 망치게 되어 가계의 ____________게 되었다.

* **과수원**: 과일을 심은 밭.

어휘 2

밑줄 친 표현의 의미를 설명해 보세요.

동해의 수온이 높아져 동해에서 잡히는 오징어의 양이 줄고 있다. 이로 인해 오징어의 가격이 상승했다.

1. 최근 밀가룻값이 많이 올랐다는 이유로 라면 회사에서는 라면 가격을 인상하기로 했다.

2. 여름 휴가철을 앞두고 수영복이나 물놀이 용품을 생산하는 업체가 호황을 맞고 있다.

3. 농산물은 재배하는 데 시간이 오래 걸려서 단시간 내에 공급을 늘리기가 쉽지 않다.

4. 식생활이 서구화되면서 쌀 소비가 줄어 정부는 쌀을 이용한 식품을 개발해 쌀 소비를 촉진시키고* 있다.

* 촉진시키다: 빨리 좋아지게 하다.

5. 지난여름, 강한 태풍이 불어서 과수 농가의 피해가 컸다. 추석을 앞두고 과일 가격이 많이 올라 소비자들은 과일을 비싼 가격에 사야 했다.

6. 근래에 수산물을 직거래하는 쇼핑몰이 인기를 끌고 있다. 이 쇼핑몰은 고객들에게 신선한 생선을 저렴한 가격에 내놓고 있다.

7. 최근 수입 물량 증가로 양파 가격이 폭락해서 양파를 재배하던 농민들이 수확*을 포기하는 경우가 늘고 있다.

* 수확: 농산물을 거두어 들임.

어휘 3

그림을 보고 알맞게 써 보세요.

가격이 상승하다	소비가 늘다	가격을 인하하다
가격이 폭락하다	생산량이 증가하다	소득이 증가하다

1.

서울백화점은 폐업을 하면서 특별 할인 행사를 시작했다. 모든 상품의 가격을 70% 인하해 판매하자 사람들이 벌떼같이 몰려들었다.

2.

스승의 날을 맞아 꽃다발을 구입하는 사람들이 늘어나고 있다. ______________________________.

* **일조량**: 햇빛의 양.

3.

이번 여름에는 일조량*이 풍부하고 비가 적당히 내려 수박 농사가 잘됐다. ______________________________.

4.

1인 가구가 늘면서 제품을 살 때 많은 양을 사기보다는 소량으로 포장된 것을 더 선호한다. ______________________________.

어휘 4

다음과 같이 표시해 보고 나의 생필품 목록을 만들어 보세요.

농산물 ○　　수산물 ☆　　공산품 □

* 나의 생필품 목록

문법과 표현 1

N에도 불구하고

A 다음과 같이 대화를 완성해 보세요.

> 기자 : 매달 내는 스마트폰 기본요금이 꽤 비싸다고 들었습니다. 판매량은 어떻습니까?
>
> 전문가 : 다소 비싼 요금에도 불구하고 스마트폰 판매량은 계속 증가하고 있습니다.

1. 앵커 : 가수 김민수 씨가 음주 운전으로 논란을 일으킨 점에 대해 사과를 했다지요?
   기자 : 네, 하지만 ______________ 비난 여론은 수그러들지* 않고 있습니다.

* 수그러들다: 형세나 기세가 점점 줄어들다.

2. 앵커 : 출산율을 높이기 위해 정부에서 양육비를 지원하고 있는데 효과가 나타나고 있습니까?
기자 : 많은 가정에서 출산을 꺼리는 대표적인 이유로 높은 양육비를 들고 있습니다. 그래서 정부가 이런 대책을 내놓은 것인데요. 그러나 ____________ 출산율은 별로 변화를 보이지 않고 있습니다.

3. 사회자 : 네, 다음은 '장애를 극복한 사람들의 이야기' 코너입니다. 오늘은 스티븐 호킹에 대한 이야기를 준비하셨다고요?
리포터 : 네, 그렇습니다. 여러분도 아시다시피 스티븐 호킹은 ____________ 세계적인 물리학자가 되었는데요. 장애를 극복한 스티븐 호킹의 이야기, 지금 함께 만나보시지요.

4. 정부 관계자 : 정부에서 소고깃값을 안정시키기 위해 소고기 공급량을 늘리고 있습니다. 이에 따라 곧 소고깃값이 떨어질 것으로 예상됩니다.
기자 : 소비자협회의 조사 결과에 따르면 ____________ 소고기 수요 증가로 소고깃값이 계속 상승하고 있는 것으로 나타났습니다.

B **다음 상황에 대해 써 보세요.**

1. 가격이 비싸지만 명품 가방에 대한 수요가 증가함.

➡ 비싼 가격에도 불구하고 명품 가방에 대한 수요는 증가하고 있다.

2. 식수* 오염 우려에 대해 정부에서는 안전하다고 발표했지만 사람들은 여전히 불안해 함.

➡

* **식수:** 먹는 물.

3. 축구 선수 박지성은 신체 조건, 가정 형편 등 여러 조건이 좋지 않았으나 열심히 노력해 축구 선수로 성공함.

➡

4. 환율을 안정시키기 위해 한국은행이 많은 노력을 기울였으나 환율이 점점 오르고 있음.

➡

5. 물가를 안정시키기 위해 정부가 농산물 가격이 인상되는 것을 막고자 대책을 내놓고 있지만 큰 효과가 없음.

➡

문법과 표현 2

V-자

A 다음과 같이 써 보세요.

유가 ↑ 대중교통 이용 ↑

➡ 유가가 인상되자 대중교통 이용이 증가했다.

1. 강수량 ↑ ➡ 수박 가격 ↑

   ➡

2. 소고깃값 ↑ ➡ 돼지고기 수요 ↑

   ➡

3. 삼겹살 소비 ↑ ➡ 상추 수요 ↑

   ➡

4. 배추 공급 ↑, 수요 ↓ ➡ 배추 가격 ↓

   ➡

B 문장을 완성해 보세요.

1. 점심시간이 되자 직장인들이 건물 밖으로 쏟아져 나왔다.
2. ______________ 난방 제품에 대한 수요가 증가했다.
3. 그 사람은 모든 일에 대해 자신만만했었지만 ______________ 자신감을 잃고 말았다.
4. 커피 원두 생산이 줄어 ______________ 커피 소비가 크게 줄었다.
5. 가수 A 씨는 5년 동안 방송 출연을 하지 않았다. 가수 A 씨가 ______________ 대중들의 관심을 끌었다.

읽고 쓰기

❁ 다음 기사를 읽고 질문에 답해 보세요.

그래픽으로 보는 2011년 경제 예측(3) 물가 얼마나 오를까

지난해 소비자 물가 상승률은 2.9%로 비교적 양호했다. 하지만 ⓐ체감도는 싸늘했다. 신선 식품 물가 지수 상승률이 16년 만에 최고치인 21.3%를 기록했고 ⓑ전셋값도 뜀박질했다. '물가 잡기'가 ⓒ발등의 불이 된 정부는 오는 13일 공공요금 억제와 식료품 가격 안정, 농수산물 비축량 방출 등 물가 안정 및 민생 대책을 발표할 예정이다.

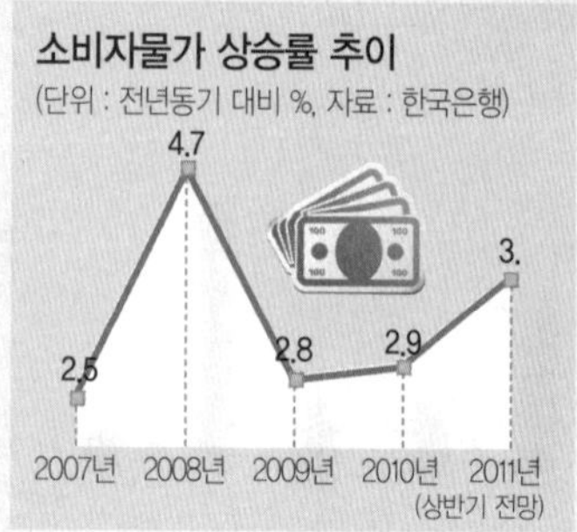

올해 물가는 어떨까. 한국은행은 소비자 물가 상승률을 '상고하저'로 예상하고 있다. 올 전체로는 3.5%로 전년보다 상승 폭이 크다. 특히 상반기에는 3.7% 오를 것으로 예상돼 하반기(3.3%)보다 높았다. 한국은행 신운 물가분석팀장은 "물가 변동 흐름상 연간 물가 상승률의 절반 가량이 1/4분기에 오름폭으로 나타난다."고 말했다.

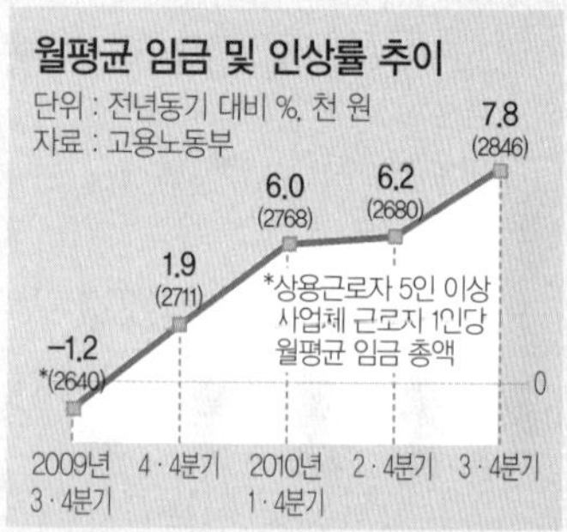

서민들의 체감도는 올해보다 더 심해질 전망이다. 실제로 새해부터 물가가 치솟고 있다. 한결같이 실생활과 연관되는 품목들이다. 풀무원은 두부 가격을 20.5% 올렸다. CJ제일제당도 설탕 출고가를 평균 9.7% 인상했다. 과자, 음료, 빵 가격도 줄줄이 오르고 있고 가정 밥상뿐 아니라 직장인의 점심값 부담도 커지고 있다.

도시가스 요금이 평균 5.3% 올랐고 서울 시내 주유소의 휘발윳값은 리터당 2,000원까지 치솟았다. 최근 물가 오름세는 원유와 광산물, 곡물 등 국제 원자재가 상승의 영향이 크다. 서부 텍사스산 원유(WTI)는 지난해 9월 배럴당 75.25달러에서 연초 91.65달러로 상승했다.

중국 물가도 불안 요인이다. 중국은 우리나라의 최대 수입국이다. 지난해 10월 기준 전체 수입품의 17%를 차지했고 이 중 소비재는 34~35%에 이른다. 의류 · 신발 등 소비재는 곧장 소비자 물가로 연결되고, 중간재인 전기 · 전자 부품도 생산 공정을 거쳐 인상분이 반영된다. 중국은 지난해 11월 소비자 물가가 28개월 만에 최고치인 5.1%까지 올랐다.

지난 한 해 서민들을 괴롭혔던 신선 식품 물가는 4대강 사업 등으로 재배지가 줄어 올해도 불안 요인이 될 전망이다. ⓓ얄팍한 급여 봉투를 받는 서민들은 이해하기 힘든 얘기지만 임금 인상도 물가의 불안 요인이다. 통상 임금이 10% 오르면 물가에는 3% 정도의 인상 요인이 발생하는 것으로 돼 있다. 고용노동부에 따르면 지난해 3/4분기 임금 인상률은 전년 동기 대비 7.8%에 이른다. 연간 2.5%의 낮은 기준 금리도 물가 불안을 낳고 있다.

경향신문(2011. 1. 4.)

1. 한국은행은 올해 물가에 대해 어떻게 예상하고 있습니까?

2. 한국 물가에 영향을 주는 요인으로 알맞은 것을 고르세요.

① 점심값 인상

② 원유 가격의 상승

③ 임금 인상률의 억제

④ 전자 제품의 생산량 감소

3. 한국 정부는 물가 상승을 막기 위해서 어떤 대책을 내놓고 있습니까?

4. 밑줄 친 ⓐ~ⓓ의 뜻이 바르지 않은 것을 고르세요.

① ⓐ 체감도는 싸늘했다 ⇒ 물가 상승률을 느낄 수 없었다

② ⓑ 전셋값도 뜀박질했다 ⇒ 전셋값이 급격히 많이 올랐다

③ ⓒ 발등의 불 ⇒ 아주 급한 일

④ ⓓ 얄팍한 급여 봉투 ⇒ 적은 급여

5. 여러분 나라의 물가 상승에 영향을 주는 요인은 무엇입니까? 메모하고 글을 써 보세요.

한국	• 원유 및 원자재 가격 인상 • 근로자의 임금 인상 • 주요 수입국의 물가 인상
우리 나라	

한국의 물가 인상 요인은 크게 두 가지로 볼 수 있다. 첫째는 원유와 원자재 가격의 인상, 둘째는 근로자의 임금 인상이 그것이다. 한국은 지하자원이 부족해서 원유나 제품의 원료가 되는 원자재를 거의 수입에 의존한다. 만약 원유 및 원자재 가격이 인상되면 제품 가격도 함께 오르게 된다. 제품 가격이 인상되면 한국의 국내 물가에도 영향을 주게 된다. 또한 한국 국내의 근로자의 임금 인상도 물가 상승 요인으로 작용할 수 있다. 보통 임금이 상승하면 물가도 따라 상승하게 되는데 전문가들은 임금이 10% 오르면 물가도 3% 정도 함께 오르게 된다고 한다.

2. 경제와 무역

어휘 1

서로 관계있는 것끼리 연결하고 문장을 완성해 보세요.

사업에	나다	어떤 일에서 이익을 얻기 위해 돈을 들이다
수출이	투자하다	다른 나라로 파는 물건 등의 양이 많아지다
원화 가치가	받다	수출이 수입보다 많아서 이익이 생기다
원조를	떨어지다	다른 나라로부터 돈이나 물품 등으로 도움을 받다
무역 흑자가	증가하다	다른 나라의 화폐 가치와 비교할 때 한국 돈의 가치가 내려가다

1. 한국그룹은 여의도에서 기자 회견을 갖고 올 여름에 개봉할 영화 〈왕의 남자 2〉의 제작을 시작으로 영화 및 엔터테인먼트 사업에 투자한다는 계획을 발표했다.

2. 보통 __________(으)면 한국 기업의 수출이 늘어날 것으로 생각하기 쉽다. 그러나 해외에서 수입하는 원자재나 부품값이 올라가게 되고 그에 따라 수출 가격도 함께 오르게 되어 오히려 수출이 줄어들 수 있다.

3. 한국은 2010년에 세계 원조의 90%를 담당하고 있는 '개발원조위원회(DAC)'에 가입해 과거에는 __________ 나라였지만 이제는 원조를 하는 나라가 되었다.

4. 문화체육관광부는 한류의 영향으로 한국 드라마, 영화, 대중가요, 각종 한국 제품 등의 __________ 있다고 밝혔다.

5. 유럽이나 북미를 비롯한 세계의 여러 나라는 경제가 침체되고* 무역 적자를 기록했지만 중국은 수년간 수출이 수입보다 많고 __________ 세계를 놀라게 했다.

* **침체되다:** 어떤 상황이 제자리에 머무르다.

어휘 2

알맞은 말을 골라 문장을 완성해 보세요.

대기업	중소기업	원조(를) 하다
해외에 진출하다	경제 협력을 증진하다	

1. 산업통상지원부는 한국 기업이 태국, 베트남 등 ________________ 활발하게 사업을 할 수 있도록 기술과 마케팅을 지원하기로 했다.

2. 한국 정부는 브라질, 칠레 등의 남아메리카 국가와 협약*을 맺어 앞으로 석유, 석탄과 같은 지하자원을 공동으로 개발하면서 국가 간의 ________________ 기로 했다.

* **협약:** 개인과 개인, 국가와 국가가 어떤 약속을 함.

3. 미국은 북한의 인권 문제가 해결되기 전까지는 더 이상 ________________ 수 없다고 밝혔다.

4. 최근 정부의 조사에 따르면 삼성, 현대와 같은 ________________ 와/과 규모가 작은 ________________ 의 연봉 격차가 더욱 커지고 있는 것으로 나타났다.

어휘 3

밑줄 친 표현을 바꿔 말해 보세요.

수입품	수출품	다국적 기업	~~환율이 변동하다~~

1. 경제학자들은 비교적 단기간에 <u>환율이 자주 바뀌는 것</u>은 좋지 않다고 본다.

➡ 환율이 자주 변동하는 것

2. 소니, 노키아, 필립스, 맥도널드와 같은 <u>세계 여러 나라를 시장으로 삼는 기업</u>은 더 많은 기업 이윤을 추구하기 위해 전 세계에 회사를 두어 운영하고 있다.

➡

3. 원화 가치가 올라가면 해외여행을 더 저렴하게 다녀올 수 있고 <u>외국에서 들여온 제품</u>을 더 싼 가격에 구입할 수 있다. 반면에 외국인들의 한국 투자는 줄어들게 되고 해외로 제품을 수출하는 기업들은 어려워진다.

➡

4. 한국 경제는 상당 부분을 외국과의 무역에 의존하고 있다. 한국이 <u>외국에 팔고 있는 제품</u>은 반도체, 휴대폰, 선박, 자동차 등인데 북미와 유럽의 불경기로 수출이 감소할 것으로 예상된다.

➡

어휘 4

어휘를 이용하여 환율 변동에 따른 변화에 대해 써 보세요.

수입품 / 수출품	수입 / 수출이 증가하다 / 감소하다
원조(를) 하다 / 원조를 받다	원화 / 달러 가치가 올라가다 / 떨어지다
해외에 진출하다 / 투자하다	환율이 상승하다 / 하락하다 / 변동하다

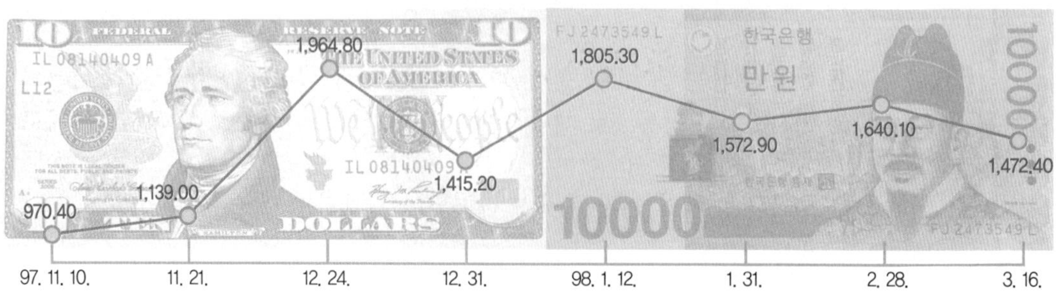

자료 : 한국은행
(1997~98년 IMF 시기의 원-달러 환율)

1.

해외에서 유학하는 자녀를 둔 부모

1997년과 1998년에는 원화 가치가 가장 많이 떨어졌어요. 원-달러 환율이 상승해서 해외에서 공부하는 자녀들에게 돈을 보내는 부모님들은 정말 힘들었겠어요.

2.

한국에 투자하려는 사업가

3.

해외에서 일하며 국내로 송금하는 한국인

4.

한국에서 일하면서 달러로 월급 받는 외국인

어휘 5

________에 들어갈 말을 골라 넣으세요.

대가　　적자　　인건비　　모색하다　　투자하다

Twitter

illymoomoo님의 최신 소식을 놓치지 마세요.　　가입하기 >>

한국 기업들은 1.________이/가 저렴한 북한의 개성공단에 많은 돈을 2.________(으)나 남북한의 관계가 악화되자 모든 사업이 중단되었다. 사업 중단으로 인해 한국 기업들은 큰 3.________이/가 나게 되었다. 남한과 북한의 경제 협력의 길은 멀고 험한 것인가? 정부는 남한과 북한 관계의 새로운 길을 4.________야 할 것이다.

문법과 표현 1

N(으)로 보다

A 대화를 완성해 보세요.

규모　　~~성격~~　　분위기　　위치　　가격

1. 요즘 사귀고 있는 남자 친구가 어때요?

   외모는 별로지만 성격으로 볼 때 아주 괜찮은 사람이에요.

2. 자전거를 한 대 사고 싶은데 이 둘 중에 어떤 게 더 좋을까?

   둘 다 기능은 비슷하니까 ________________ 조금 더 저렴한 게 낫겠어.

3. 방을 구하려고 하는데 기숙사와 학교 밖 하숙집 중에 어디가 좋을까요?

   ________________ 기숙사가 더 가까워서 편할 것 같아요.

4. 한국대학교와 미래대학교 두 학교에 합격했는데 어느 학교에 가야 할지 고민이에요.

학교의 ______________ 재학생도 많고 캠퍼스도 넓은 한국대학교가 더 나을 것 같아요.

5. 전주 한옥 마을에 가려고 하는데 민박집하고 호텔 중에 어디가 좋을까요?

호텔도 괜찮지만 ______________ 민박집이 더 나은 것 같아요. 민박집에서 묵으면 한옥 체험도 할 수 있으니까요.

B 문장을 완성해 보세요.

디자인	비타민 섭취	~~발음~~	영양	성능

1. 한국어 말하기 대회의 최종 결승전에 나온 스티븐과 나나의 한국어 실력은 비슷했다. 하지만 발음으로 보면 스티븐이 더 뛰어났다.

2. '생생 한국어'와 '쏙쏙 한국어'는 모두 내용이 괜찮았다. 그런데 나는 ______________ 그림이 많고 편집이 잘된 '생생 한국어'에 관심이 많이 간다.

3. 나는 채소를 생으로 먹는 것도 좋아하고 볶아서 먹는 것도 좋아한다. 하지만 ______________ 채소를 생으로 먹는 것이 제일 좋다고 한다.

4. 짜장면과 비빔밥은 칼로리가 비슷하다. 하지만 ______________ 비빔밥을 먹는 것이 건강을 유지하는 데 도움이 될 것이다.

5. 작년에 내가 산 휴대폰과 올해 새로 나온 휴대폰의 디자인이 똑같다. 하지만 ______________ 새로 나온 휴대폰이 훨씬 좋아졌다.

문법과 표현 2

A-(으)ㄴ/V-는 가운데

A 문장을 완성해 보세요.

~~오다~~	참석하다	바쁘다	몰리다	모시다

1. 

사회자 : 오늘 비가 심하게 <u>오는 가운데</u> 이번 학술 대회에 참석해 주신 회원 여러분께 진심으로 감사드립니다.

2. 

기자 : 많이 ________________ 오늘 인터뷰에 응해 주셔서 감사합니다.

3. 

사회자 : 오늘 제49회 개교기념일을 맞아 여러 내빈들을 ________________ 기념행사를 개최하게 된 것을 영광으로 생각합니다.

4. 

사회자 : 오늘은 특별히 사장님이 ________________ 직원들이 모두 자유롭게 자기 의견을 발표하는 식으로 회의를 진행하도록 하겠습니다.

5. 

사회자 : 이번 설 연휴에는 많은 귀성 차량들이 고속도로에 한꺼번에 ________________ 고향에 가는 시간이 평소의 두 배 이상 걸릴 것으로 보입니다.

B 서로 관계있는 것끼리 연결하고 문장을 완성해 보세요.

* 동결되다: 월급 등이 오르지 않다.

1	가족들이 다 모이다	입학식을 지켜보다
2	물가가 오르다	공무원 월급은 동결되다*
3	날씨가 춥다	결혼 계획을 발표하다
4	독감이 크게 유행하다	소비량은 변함없다
5	배추의 공급이 늘어나다	사망자가 나오다

1. 가족들이 다 모인 가운데 결혼 계획을 발표하자 모두 우리를 축하해 주셨다.

2. ______________________ 공무원들의 불만의 목소리가 높다.

3. ______________________ 학부모들이 운동장에 모여들었다.

4. ______________________ 시민들이 불안에 떨고 있다.

5. ______________________ 배춧값이 폭락하고 있다.

읽고 쓰기

다음 설명문을 읽고 질문에 답해 보세요.

커피 한 잔의 이야기

커피는 전 세계에서 가장 많이 음용되는 기호 식품으로 하루 약 25억 잔 정도가 소비된다. 석유 다음으로 교역량이 많은 무역품인 커피는 한 해 600억 달러어치가 유통되고 있으며 현재 커피를 생산하고 있는 국가는 90여 국에 이른다. ⓐ_______ 커피 이윤의 대부분은 가공, 판매업자와 중간상들이 차지하게 된다.

민간 구호 단체인 옥스팜(Oxfam)이 분석한 커피 한 잔의 가격 구성비를 보면 가공비, 유통비, 판매업자의 이윤이 93.8%로 가장 큰 비중을 차지하고 운송료와 수입업자의 이윤이 4.4%, 세금 · 중간상의 이윤이 1.3%, 그리고 커피 생산 농가의 수입이 0.5%를 차지한다. 가장 큰 몫은 극소수의 대형 다국적 기업들이 차지하고 있다. ⓑ_______ 에티오피아 커피 재배 농가의 1년 수입은 60달러(한화 6만 원), 과테말라 집단 농장 농민들이 커피콩 100파운드를 수확하고 버는 돈은 3달러(한화 3천 원)에 불과하다.

1950년대에는 커피콩의 가격이 폭락함에 따라 저개발국의 커피 재배 농가가 그 피해를 고스란히 떠안기도 했다. 가뜩이나 빈곤과 노동력 착취에 시달리던 전 세계 2,500만 커피 재배 농민들은 더욱 참혹한 상황에 직면했다. 서방 세계로부터 자선금이 전해지기도 했지만, 정작 이들의 요구 사항은 '도움이 아닌 거래'였다.

㉠이런 불평등한 무역 관계를 개선하기 위해 등장한 것이 공정 무역이다. 공정 무역이란 선진국의 소비자가 저개발국의 생산자에게 직거래를 통해 정당한 가격을 지급하자는 윤리적 소비 운동이다. 예를 들면, 커피 주요 소비국의 시민 단체가 커피 주요 생산국의 생산자 조합으로부터 일반 커피 가격의 두 배 가격으로 커피를 사들인 후, 자국에서 비싼 가격으로 판매하는 식이다. 정당한 최저 가격을 보장해 줌으로써 현지 생산 계층의 생활을 지원하고 아동 노동을 근절하며 친환경 농업을 유도한다는 취지다. 공정무역인증협회(FLO)에 따르면 2006년에만 58개국 100만 농가, 500만 명 이상의 농민들이 공정 무역으로 혜택을 보았다.

ⓒ_______ 공정 무역 제품을 생산하는 농장에서 오히려 더욱 심각한 임금 착취가 벌어지는 경우도 있고 공정무역인증협회(FLO) 인증 과정의 전문성과 책임성이 부족하다는 지적도 있다. 또한 커피의 원산지 가격이 낮은 것은 과잉 생산 때문이므로, 정치적 판단에 따라 프리미엄을 지급하는 공정 무역 운동은 오히려 시장의 수요 공급 시스템을 교란시킨다는 주장도 있다.

현재 세계적으로 유통되는 공정 무역 커피는 전체 교역량의 0.1%에 불과하지만 해마다 20~30%씩 늘고 있는 추세이다. 한국에서는 몇 년 전부터 '두레생협', '작은 대안무역', '아름다운가게', '여성환경연대' 등에서 공정 무역 운동을 벌이고 있다.

〈EBS 지식채널 e, 지식 e 1, 2007〉

1. ⓐ~ⓒ에 들어갈 말을 고르세요.

	ⓐ	ⓑ	ⓒ
①	그러나	한편	예를 들면
②	그러나	예를 들면	한편
③	예를 들면	한편	그러나
④	예를 들면	그러나	한편

2. ㉠이 의미하지 않는 것은 무엇입니까?

① 커피 무역에서 커피 생산자가 얻는 이익은 매우 적다.
② 커피콩 가격이 폭락하면 커피 재배 농가가 피해를 떠안게 된다.
③ 커피값 중 대형 다국적 기업의 이윤이 가장 큰 비중을 차지한다.
④ 선진국에서 커피 생산 농가에 친환경 농업을 요구해 피해를 받는다.

3. 이 글의 내용과 같은 것을 고르세요.

① 커피는 세계에서 교역량이 가장 많은 무역품이다.
② 커피 한 잔 중 생산 농가에 지급되는 돈은 4.4%에 불과하다.
③ 공정 무역은 시장의 수요 공급 시스템을 교란시킨다는 비판을 받기도 한다.
④ 현재 세계에 유통되는 공정 무역 커피는 전체 교역량의 20~30%를 차지한다.

4. 이 글을 읽은 독자의 생각으로 적절하지 않은 것을 고르세요.

① 선진국이 저개발국에 원조를 하고자 해서 공정 무역이 탄생하게 됐군.
② 커피 농가가 공정 무역 제품을 생산한다고 해도 낮은 임금을 받을 수도 있겠군.
③ 커피의 원산지 가격이 낮은 이유는 시장의 수요보다 커피 원두의 공급이 많기 때문이군.
④ 공정 무역을 하면 소비자와 생산자가 직거래를 하게 되어 생산자에게 더 많은 이익이 돌아가겠군.

5. 공정 무역의 개념과 장단점은 무엇입니까? 여러분의 생각을 메모하고 글을 써 보세요.

공정 무역의 개념	
공정 무역의 장점	
공정 무역의 단점	

IV 건강한 삶

1 음식과 체질

어휘 음식과 건강

문법과 표현
- V-(으)ㄹ래야 V-(으)ㄹ 수(가) 없다
- 어찌나 A/V-던지

읽기와 쓰기
- 체질별 보양식에 대한 기사 읽기
- 자국의 보양식에 대해 소개하는 글 쓰기

2 건강과 마음

어휘 건강과 치료

문법과 표현
- V-(으)ㄹ 바에는[바에야] (차라리)
- A-(으)ㄴ/V-는 까닭에[까닭으로]

읽기와 쓰기
- 플라시보에 대한 기사 읽기
- 플라시보에 대한 자신의 경험 쓰기

1. 음식과 체질

어휘 1

알맞은 말을 골라 대화를 완성해 보세요.

열량이 높다	음식을 섭취하다	채식(을) 하다
식욕을 돋우다	항암 효과가 뛰어나다	함량이 높다

1. 등산을 갈 때는 지쳤을 때 순간적으로 힘을 낼 수 있도록 사탕이나 초콜릿과 같이 ________ ________ 음식을 준비해 가면 좋다.

2. 생활 속에서 쉽게 접하게 되는 멸치, 시금치, 우유, 치즈 등은 칼슘의 ________ 식품으로 알려져 있다.

3. 잠자리에 들기 전이나 늦은 시간에 ________ 것은 비만의 원인이 될 수 있을 뿐만 아니라 건강에도 해롭다.

4. 나는 독감으로 며칠 동안이나 누워 있어서 기운도 없고 입맛도 없었다. 그래서 어머니는 내 ________기 위해서 닭죽을 만들어 주셨다.

5. 된장국, 청국장, 두부, 두유 등 콩으로 만든 식품은 ________고 알려져 있다. 전문가들은 콩을 가공한* 이러한 식품이 소화 흡수가 잘돼 암 예방에 효과적이라고 밝혔다.

* **가공하다:** 식품을 공장에서 제품으로 만들다.

6. 요즘 들어 건강에 좋다는 이유로 소고기, 닭고기 등의 육식보다는 ________ 사람들이 늘고 있다.

어휘 2

밑줄 친 표현의 의미를 설명해 보세요.

고등어는 단백질, 불포화 지방 등의 영양분이 풍부한 생선이다.

1. 너무 매운 음식이나 탄 음식을 먹으면 위암에 걸릴 가능성이 높다. 특히 직접 불에 구워 많이 탄 음식은 발암 물질이 생길 위험성이 크다.

2. 한국에서는 아이를 낳은 후에 몸이 약해진 산모*에게 건강을 빨리 회복하라는 뜻으로 보양식을 해 준다.

* **산모:** 아이를 갓 낳은 여자.

3. 짜게 먹는 습관은 병을 유발한다고 한다. 소금을 지나치게 많이 섭취하면 심장병, 고혈압, 암 등이 생긴다는 연구가 있다.

4. K 병원 연구소에서는 한국인들이 주로 채소와 곡류 등을 먹다가 소고기, 돼지고기 등의 육식을 하면서 성인병이 크게 증가했다는 연구 결과를 발표했다.

5. 건강을 유지하려면 규칙적인 식사와 운동이 필수적이다. 그리고 무엇보다도 충분한 수면과 수분 섭취가 중요하다.

6. 어머니는 나에게 "밥이 보약이다."라고 하시면서 된장찌개와 각종 나물로 정성스럽게 상을 차려 주셨다.

어휘 3

다음 어휘를 이용해서 음식에 대해 써 보세요.

건강을 유지하다	단백질 / 탄수화물 / 지방 / 무기질	
음식을 섭취하다	함량이 높다	열량이 높다 / 낮다
영양(분)이 풍부하다	식욕을 돋우다	항암 효과가 높다 / 뛰어나다

1.

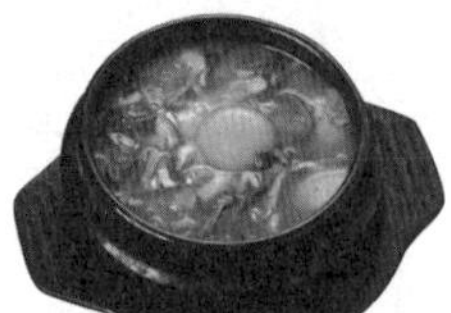

순두부찌개(115kcal)

순두부찌개는 순두부와 호박, 양파와 같은 채소를 넣고 끓인 음식이다. 단백질이 풍부하고 항암 효과가 뛰어나기 때문에 건강에 좋다.

2.

미역국(260kcal)

미역국은 미역과 소고기를 넣고 끓인 음식이다. 요오드, 칼슘 등의 ______________________________________.

3.

짜장면(670kcal)

짜장면은 밀가루로 면을 만들고 여러 가지 채소를 기름에 볶아서 만든 음식이다. ______________________________________.

4.

비빔밥(430kcal)

비빔밥은 밥에 다양한 채소, 달걀, 볶은 소고기를 넣어 만든 음식이다. ______________________________________.

5.

스파게티(473kcal)

토마토 스파게티는 밀가루로 면을 만들고 토마토소스를 넣어서 요리한 음식이다. 토마토는 신맛과 단맛이 강해서 ______________________________________.

어휘 4

빈칸에 들어갈 어휘를 넣어 보세요.

탄수화물　　지방　　단백질　　무기질　　비타민　　칼슘

빵 : 탄수화물

1. 치즈 : ____________

2. 닭고기 : ____________

〈햄버거〉

3. 소고기 : ____________

4. 상추 : ____________

〈소고기 상추쌈〉

문법과 표현 1

V-(으)ㄹ래야 V-(으)ㄹ 수(가) 없다

A 다음과 같이 대화를 완성해 보세요.

> 그 얘기 들었니? 민수가 다음 달에 유학 간대.
>
> 글쎄. 그런 얘기 못 들었는데. 그리고 민수는 항상 거짓말만 하니까 민수 말은 믿을래야 믿을 수가 없어.

1. 너 오늘부터 건강을 위해 채소만 먹는다고 했잖아. 삼겹살을 그렇게 많이 먹으면 어떡해?

   몰라. 너무 맛있어서 ____________.

2. 방학 동안 인턴사원 하겠다더니 어떻게 됐어?

   하고 싶었는데 실력 있는 지원자들이 너무 많아서 나는 ____________.

3. 네가 취직한 지 벌써 1년이나 됐구나. 돈 모아서 여행 간다더니 돈은 좀 모았어?

버는 만큼 쓰는 돈도 늘어나서 돈을 ________________. 여행 갈 돈 모으려면 주말에 아르바이트라도 해야겠어.

4. 한국 전쟁이 일어난 지도 꽤 오랜 시간이 지났는데요. 전쟁의 상처가 어느 정도 치유되었다고 생각하십니까?

이산가족들에게는 전쟁이 아직도 ________________ 경험입니다. 전쟁이 끝났다고 해도 여전히 전쟁의 상처가 남아 있다고 생각합니다.

B 그림을 보고 문장을 완성해 보세요.

1.

학교에서 지갑을 잃어버렸어요. 돈도 많이 들어 있고 신용카드도 있어서 꼭 찾아야 하는데 아무리 살펴봐도 찾을래야 찾을 수가 없어요.

2.

얼마 전 남자 친구랑 싸웠어요. 너무 화가 나서 헤어지자고 말했는데 오늘 자기가 잘못했다면서 꽃다발과 편지를 보냈어요. 이런 걸 보면 ________________ ________________.

3.

우리 하숙집 아주머니는 음식 솜씨가 정말 좋아요. 인심도 좋으시고요. 항상 그릇에 음식을 가득 담아 주시는데 너무 맛있어서 음식을 ________________ ________________.

4.

요즘은 스마트폰 없이는 아무것도 할 수 없어요. 공부할 때도, 음악을 듣거나 영화를 볼 때도 스마트폰으로 모든 걸 다 할 수 있잖아요. 현대인과 스마트폰은 ________________ ________________.

문법과 표현 2

어찌나 A/V-던지

A 다음과 같이 대화를 완성해 보세요.

> 아까 회의 때 발표한다고 했었지? 잘했어?
>
> 어찌나 떨리던지 사람들 얼굴도 못 보고 컴퓨터 화면만 보면서 말했어.

1. 지금이 몇 시야? 한 시에 만나기로 해 놓고 이제 나타나면 어떡해?

   말도 마. ______________________ 지금 온 것도 빨리 온 거야.

2. 당시 사고 현장에 계셨다고 들었는데요. 그때 상황 좀 말씀해 주시지요.

   네, 거기 있기는 했는데요. ______________________ 가까이 가서 볼 수가 없었어요.

* 깁스

3. 깁스* 푼 거 축하해요. 그동안 고생 많았죠?

   네, 깁스 때문에 ______________________ 그동안 잠도 제대로 못 잤어요.

4. 제주도 여행 다녀왔다면서요? 어땠어요?

   ______________________ 영원히 거기에서 살고 싶더라고요.

5. 유진 씨 어머니가 돌아가셨다면서요?

   네, 장례식장에 갔었는데 유진 씨가 ______________________ 저도 마음이 너무 아팠어요.

B '어찌나 A/V-던지'를 넣어 글을 완성해 보세요.

2015년 3월 17일(수)

나나 씨가 친구들을 집들이에 초대했다. 나는 나나 씨 집 근처 지하철역에서 줄리앙 씨를 만나서 같이 가기로 했다. 11시 반에 만나기로 해서 11시 20분쯤 지하철역에 갔지만 줄리앙 씨는 보이지 않았다. 10분, 20분……. 1.__________ 목이 빠질 뻔했다. 40분이 지나서야 줄리앙 씨가 왔다. 좀 화가 났지만 줄리앙 씨가 많이 미안해하는 것 같아서 참고 넘어갔다.

나나 씨는 음식을 아주 많이 준비했다. 2.__________ 상다리가 부러질 것 같았다. 나는 다이어트를 하고 있어서 탄수화물이나 지방을 먹지 않으려고 했지만 맛있는 음식 앞에서 다이어트는 까맣게 잊고 말았다. 불고기, 잡채, 파전 등 3.__________ 배가 터질 것 같았다.

식사가 끝나고 우리는 코미디 영화를 봤다. 4.__________ 배꼽이 빠질 뻔했다. 우리는 웃고 떠들면서 즐거운 시간을 보냈다. 친구들과 이렇게 즐거운 시간을 보낼 수 있어서 정말 행복한 하루였다.

읽고 쓰기 ❁ 다음 기사를 읽고 질문에 답해 보세요.

"체질 따라 보양식 달라요." 음식 궁합의 약과 독

삼계탕을 먹을까, 장어를 먹을까? 초복이 다가오면서 보양식에 대한 관심이 높아지고 있다. 한방에서는 자신의 건강 상태나 체질에 잘 안 맞는 음식은 보양은커녕 오히려 건강을 해칠 수도 있다고 지적한다. 건강한 사람이 한두 번 먹는 것은 괜찮지만 자주 먹거나 몸이 약한 경우 안 좋은 결과를 초래할 수 있다는 얘기다.

경희의료원 한방1내과 이장훈 교수는 "일상생활에서 우리가 먹는 음식만으로도 충분히 여름을 이겨 나갈 수 있으며 전통적인 보양식은 체력 향상과 기력 보충에 좋은 영향을 미친다."면서 "그러나 몸에 좋다고 하는 식품이라도 체질에 맞게 먹는 것이 중요하다."고 강조했다. 사상 의학에 따른 네 가지 체질별로 ⓐ'궁합이 맞는 음식'을 소개한다.

태음인 : 소고기 육개장이 체력 보강하는 데 효과

우리나라 인구의 절반 정도를 차지하는 태음인은 간 기능은 좋은 반면 폐, 대장, 피부의 기능이 약한 간대폐소(肝大肺小)형이다. 체구가 크고 위장의 기능이 좋은 편이지만 땀이 많고 호흡기 및 순환기 계통이 약하다. 이런 사람들은 동물성 단백질, 칼로리가 높은 식품이 ⓑ제격이다. 소고기 육개장은 단백질이 풍부해 체력을 보강하는 데 효과적일 뿐 아니라 비장과 위장을 보호하고 적당히 땀이 나게 한다. 비만이나 고혈압에 걸리기 쉬운 체질이므로 자극성 있는 식품이나 고지방 음식은 삼가야 한다.

소음인 : 삼계탕이 좋고 찬 음식은 피해야

몸이 차고 땀을 잘 흘리지 않는 소음인은 신장 기능은 좋으나 비장과 위장의 기능은 약한 신대비소(腎大脾小)형이다. 여름철에 찬 음식을 먹으면 배탈, 설사에 ⓒ시달리기 쉽다. 몸에 열이 나게 하고 기력을 돋워 주는 삼계탕이 효과적이다. 체내 냉기를 없애고 혈액 순환을 촉진하는 추어탕도 좋다. 찬 음식이면서 원기에 좋은 장어도 권할 만하다.

태양인 : 피로 회복 · 기력 회복에 좋은 붕어찜이 딱

100명 중 한두 명에 불과한 태양인은 폐대간소(肺大肝小)형으로 폐 기능이 좋은 반면 간 기능은 약하다. 더위를 견디지 못하고 쉽게 지치는 것이 특징이다.

'몸이 ⓓ노곤하고 움직이기 싫다'는 증상을 자주 호소한다. 이러한 태양인은 열을 내는 음식이나 지방질이 많은 음식, 칼로리가 높은 음식은 피해야 한다. 여름철 보양식으로 담백하고 피로 회복과 기력 회복에 좋은 붕어찜이나 붕어탕이 제격이다. 해삼이나 전복도 음기를 보충해 양기를 줄이고 피로를 없애 주므로 적당하다.

소양인 : 돼지고기 적합… 삼계탕은 설사 등 ⓔ'뒤탈'

비대신소(脾大腎小)형이라 위장은 좋지만 신장이 약한 체질이다. 몸에 문제가 생기면 변비가 자주 생긴다. 몸에 열이 많은 소양인은 삼계탕처럼 열이 많은 음식을 먹으면 설사로 고생할 수 있다. 서늘한 성질의 돼지고기나 찬 성질에 불포화 지방이 많은 오리고기가 소양인의 보양식으로 적합하다.

경향신문(2010. 7. 15.)

1. ⓐ '궁합이 맞는 음식'이란 무엇입니까?

2. 다음의 ⓑ~ⓔ의 뜻이 잘못된 것을 고르세요.

① ⓑ 알맞다
② ⓒ 고생하기 쉽다
③ ⓓ 피곤하고
④ ⓔ 다음으로 미룸

3. 다음 각 체질에 맞는 음식을 연결해 보세요.

태음인	소음인	태양인	소양인
•	•	•	•
•	•	•	•
삼계탕, 추어탕, 장어	돼지고기, 오리고기	소고기 육개장	붕어찜, 붕어탕, 해삼, 전복

4. 여러분 나라에서는 언제, 어떤 음식을 즐겨 먹습니까? 또 음식을 먹을 때 주의할 점이 있는지 메모하고 글을 써 보세요.

언제?	
무슨 음식?	
주의할 점?	

2. 건강과 마음

어휘 1

알맞은 말을 골라 문장을 완성해 보세요.

체하다	온몸이 쑤시다	저리다
멀미(를) 하다	편두통이 있다	어루만지다

1. 어제 하루 종일 이삿짐을 나르고 정리했다. 어제 너무 무리해서 그런지 오늘 아침에 일어나려고 하니까 ________________.

2. 할아버지 댁에 오랜만에 인사를 드리러 갔다. 무릎을 꿇고 앉아 할아버지 말씀을 들었는데 오랫동안 그 자세로 있었더니 다리가 ________________.

3. 오늘 점심에 교수님과 만나 식사를 했다. 불편한 자리에서 급하게 먹어서인지 ________________ 것 같다.

4. 추웠던 겨울이 지나가고 봄이 되어 오랜만에 공원으로 산책을 나갔다. 향기롭고 부드러운 봄바람이 내 얼굴을 ________________.

5. 이번 휴가에 가족들과 배를 타고 제주도에 다녀왔다. 그런데 파도 때문에 배가 자꾸 흔들려서 모두 심하게 ________________.

6. 내 동생이 아침에 머리 한쪽이 심하게 아프다며 누워 있었다. 동생은 원래 ________________ 스트레스를 많이 받으면 이런 증상이 자주 나타난다.

어휘 2

밑줄 친 표현의 의미를 설명해 보세요.

예로부터 내려온 민간요법 중에는 과학적 근거를 가지고 있는 것도 있다.

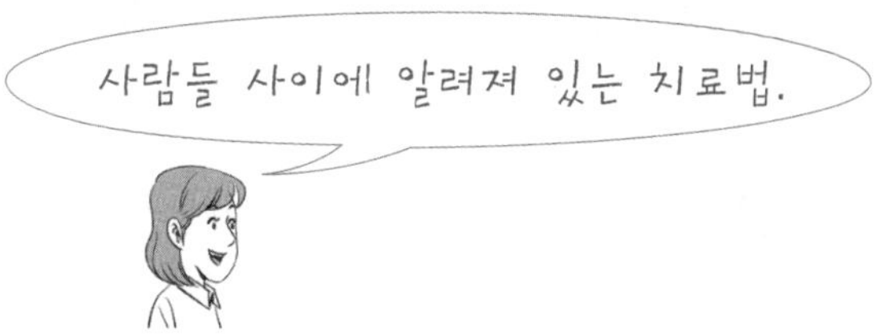

1. 아버지께서 몇 달 동안 야근을 하면서 무리하게 일을 하시더니 과로로 몸져누우셨다.

2. 오늘 아침에 유통 기한이 일주일 지난 우유를 먹었다. 그런데 학교에 가는 버스 안에서 속이 메슥거리고 토할 것만 같았다.

3. 어릴 때 바닷가에서 수영을 하다가 갑자기 발에 쥐가 나서 물에 빠져 죽을 뻔했다.

4. 옛날에는 집안 형편이 어려워서 아이가 아플 때 약을 쓰고 싶어도 쓸 수 없는 경우가 많았다.

5. 환기도 안 되는 좁은 사무실에서 하루 종일 컴퓨터 화면만 보고 있었더니 머리가 지끈지끈 아프다.

6. 어젯밤에 배탈이 나서 아무 일도 못하고 약을 먹고 일찍 잤다. 푹 자고 일어났더니 오늘 아침에는 배가 씻은 듯이 나았다.

7. 우리 어머니는 마트 계산원이라서 하루 종일 서서 일하신다. 저녁에 집에 돌아오신 어머니가 다리가 아프다고 하셔서 주물러 드렸다.

어휘 3

그림을 보고 대화를 완성해 보세요.

딸꾹질을 하다	몸져눕다	문지르다
어지럽다	저리다	편두통이 있다

1.

너 혼자 뭐 먹었지? 다른 사람 모르게 음식을 혼자 먹으면 __________________ 고 하던데.

아니야, 갑자기 추워져서 그런가 봐.

2.

민수야, 바이킹 타 보니까 어때?

재미있기는 한데 너무 __________________.
잠깐 앉아서 쉬어야겠어.

3.

정우야, 왜 그래?

팔을 베고 책상에서 엎드려 잤더니
__________________.

4.

할머니, 아까부터 배가 아파요.

여기 앉으렴. 배를 __________________ 줄게.
그러면 아픈 배가 금방 나을 거야.

5.

오늘 아침부터 계속 한쪽 머리가 아파요.

__________________ 것 같습니다. 이 약을 드셔 보세요. 새로 나온 약인데 효과가 좋습니다.

어휘 4

빈칸에 들어갈 말을 넣어 보세요.

				a				b	
가 메	슥	거	리	다		나			
다		c					d		
			e						
						라			
		마							

가로 열쇠 (⇨)	
가	토할 것 같이 속이 안 좋다
나	차를 타서 어지럽고 토할 것 같다
다	한쪽 머리가 심하게 아픈 증세
라	약 같은 것을 흡수가 잘되게 바르다
마	어떤 것의 겉을 싸고 있는 부분

세로 열쇠 (⇩)	
a	한쪽 방향으로 살살 쓸어 만지다
b	음식이 잘 소화되지 않고 남아 있다
c	몸의 괴로움이나 아픔
d	가볍고 부드럽게 만지다
e	목구멍에서 이상한 소리가 나는 증세

문법과 표현

V-(으)ㄹ 바에는[바에야] (차라리)

A 다음과 같이 대화를 완성해 보세요.

> 이번 주는 세일 기간이라서 백화점에 사람이 정말 많을 거야.
>
> 그래? 사람 많은 곳에서 고생할 바에는 차라리 안 가는 게 낫겠어.

1. 부모님이 계속 반대하시는데 나나하고 결혼할 거야?

   정말 고민이야. 나나하고 ______________________________.

2. 김철수 씨에게 일을 시키면 늘 실수가 많아서 큰일입니다.

   하긴 그래요. 김철수 씨에게 일을 ______________________________.

3. 이거 좀 비싸긴 하지만 민수 생일 케이크로 어때?

   너무 비싸. 이 케이크를 ______________________________.

4. 〈안녕? 친구〉라는 코미디 영화 정말 재미있지 않니?

   난 정말 재미없던데. 그렇게 재미없는 영화를 ______________________________.

5. 이번 추석 연휴는 너무 짧아서 고향에 안 내려가려고 생각 중이야. 혼자 집에서 쉬려고 해.

   외로울 텐데……. 명절에 혼자 집에 ______________________________.

B 문장을 완성해 보세요.

1. 군의관들은 약을 못 줄 바에는 (약을 못 주다) 차라리 플라시보라도 주는 것이 낫겠다고 생각했다.

2. 중간에 ______________ (포기하다) 차라리 처음부터 시작하지 않는 것이 낫다.

3. 만날 때마다 ______________ (싸우다) 만나지 않는 것이 좋다.

4. ______________ (책임지지 못하다) 처음부터 반려동물을 키우지 않는 것이 낫다.

5. 싸다고 대용량 제품을 사서 ______________ (버리다) 비싸더라도 필요한 만큼만 사는 것이 현명하다.

6. 직업을 선택할 때 적성과 보수라는 두 마리 토끼를 ______________ (잡지 못하다) 차라리 적성에 맞고 자신이 좋아하는 일을 선택해서 하는 편이 낫다.

문법과 표현 2

A-(으)ㄴ/V-는 까닭에[까닭으로]

A 다음과 같이 문장을 완성해 보세요

국민들이 심하게 반대하기 때문에 정부는 세금을 올리지 못했습니다.

➡ 국민들이 심하게 반대하는 까닭에 정부는 세금을 올리지 못했습니다.

1. 지하철 공사가 파업하고 있기 때문에 시민들이 출퇴근에 불편을 겪고 있습니다.
   ➡ 지하철 공사가 ______________________________.

2. 남한과 북한이 서로를 이해하지 못하기 때문에 통일이 늦어지고 있습니다.
   ➡ 남한과 북한이 ______________________________.

3. 요즘 청소년들은 패스트푸드를 많이 섭취하기 때문에 비만이 되기 쉽습니다.

➡ 요즘 청소년들은 ______________________________.

4. 아무리 범죄자라고 해도 인권은 보호되어야 하기 때문에 신상 공개를 해서는 안 됩니다.

➡ 아무리 범죄자라고 해도 ______________________________.

5. 다국적 기업이 저개발국의 농민들에게 정당한 값을 지불하지 않기 때문에 농민들은 일을 많이 하더라도 가난에서 벗어나지 못하고 있습니다.

➡ 다국적 기업이 저개발국의 농민들에게 ______________________________
______________________________.

B 서로 관계있는 것끼리 연결하고 문장을 완성해 보세요.

1	서울은 조선의 수도였다	해외여행을 가는 사람들이 많이 늘어나게 되었다
2	나라마다 문화에 차이를 보인다	궁궐 등의 유적지가 많이 남아 있다
3	원화의 가치가 올라갔다	사생활 침해에 대한 우려가 높아지다
4	공공장소에 CCTV가 설치되는 사례가 늘어났다	조기 유학을 보내는 경우가 종종 있다
5	학부모들이 외국어를 배울 때 학습 연령이 중요하다고 생각한다	외국인의 행동이 종종 오해를 불러일으키기도 한다

1. 서울은 조선의 수도였던 까닭으로 궁궐 등의 유적지가 많이 남아 있다.

2. 나라마다 ______________________________.

3. 원화의 가치가 ______________________________.

4. 공공장소에 ______________________________.

5. 학부모들이 ______________________________.

읽고 쓰기

다음 기사를 읽고 질문에 답해 보세요.

마음먹기 나름? '플라시보 효과'가 먹힐 때

불안 · 우울 등 정신 질환자와 암 환자에게 효과적
약품 개발에도 활용

의사가 환자에게 약효가 전혀 없는 가짜 약을 주면서 진짜 약이라고 말하면 환자는 약과 의사에 대한 믿음으로 병이 낫기도 한다. 이러한 현상을 '플라시보 효과(Placebo Effect)'라 한다. '믿는 대로 된다'는 일종의 심리 효과다. 최근 일부 질병에서 플라시보 효과가 인정을 받고 있다. 유당(알약), 증류수(물약), 생리 식염수(주사약) 등 인체에 무해하지만 약효는 없는 물질을 투여하고 환자를 속이는 플라시보 처방에 대해 알아본다.

플라시보는 제2차 세계 대전 때 약이 부족해 쓰던 치료법이다. 이후 실제 병원에서 처방되기도 하는데 몇몇 질병에서 플라시보 효과가 인정받고 있다. 가장 뛰어난 효과를 발휘하는 분야는 우울증이다. 특히 가짜 우울증 치료제를 복용한 우울증 환자의 30.4%가 '증세가 나아졌다'고 응답한 조사 결과가 있다. 그 외에 만성 통증, 스트레스 등 심리 상태에 영향을 많이 받는 소화기계 질환에 효과가 있는 것으로 나타났다. 김정하 중앙대병원 가정의학과 교수는 "플라시보는 주로 통증을 호소하고 다량의 진통제나 신경 안정제를 요구하는 환자나 약을 복용해야 안심이 되는 노인에게 효과 있다."고 말했다.

최근에는 암 환자에게도 효과가 나타나고 있다. 암 환자를 대상으로 한 연구에 따르면 플라시보를 처방한 환자의 최고 27%에서 통증 완화, 입맛 개선, 체중 증가 등 긍정적인 효과를 얻었다. 플라시보는 고혈압 등 만성 질환에도 가끔 처방된다. 가슴이 빨리 뛰거나 밤에 잠을 잘 자지 못하거나 혈압이 높아 뒷머리가 당긴다고 호소하는 환자에게 플라시보 처방이 도움이 될 수 있다. 그러나 플라시보가 전혀 효과 없는 질환이 있다. 대표적으로 염증성 질환이다. 항생제를 써야 낫는 염증성 질환에 플라시보 처방을 복용하면 오히려 악화될 수 있다.

ⓐ플라시보는 신약 임상 연구를 할 때 약효를 측정하기 위한 중요한 도구로 활용된다. 실제 약을 투약하는 그룹과 플라시보를 투약하는 그룹을 나눈 뒤 약의 효과를 비교하는 것. 위약과 진짜 약의 효과가 차이가 없다면 약효가 없는 것이다. 약의 효과에서 플라시보 효과를 뺀 부분만 실제 약의 효과로 인정한다. (…)

월간 헬스 조선(2010. 7. 29.)

1. 다음 중 플라시보에 대한 설명으로 맞지 않는 것은 무엇입니까?

① 제2차 세계 대전 때 약이 부족해서 썼던 치료법이다.

② 약효가 없는 것을 약인 것처럼 속여 환자에게 주는 것이다.

③ 약과 의사에 대한 믿음 때문에 병이 낫는 심리적 현상이다.

④ 몇몇 질병에서 효과가 인정되고 있지만 실제로 사용되지는 않는다.

2. 다음 중 플라시보를 줬을 때 약효가 전혀 없는 사람은 누구입니까?

① 우울증 환자

② 눈병이 난 사람

③ 위암에 걸린 사람

④ 스트레스성 편두통 환자

3. 새로 개발한 약의 효과를 알아보기 위해 실험을 한 결과입니다. ⓐ에 따르면 다음 중 약의 효과가 있는 것은 무엇입니까?

* A - 플라시보를 투약한 집단
* B - 실제 약을 투약한 집단

①

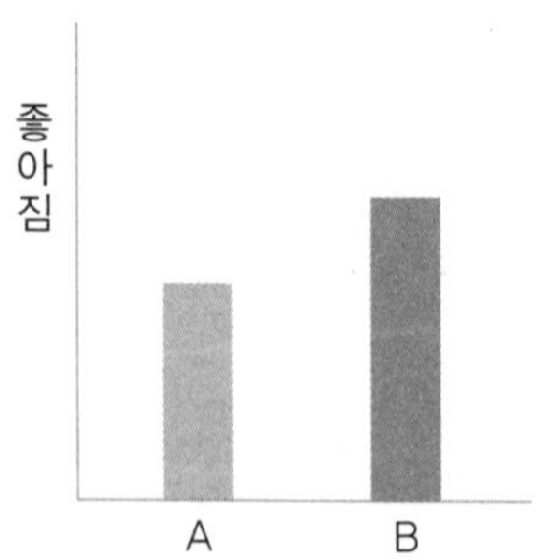

②

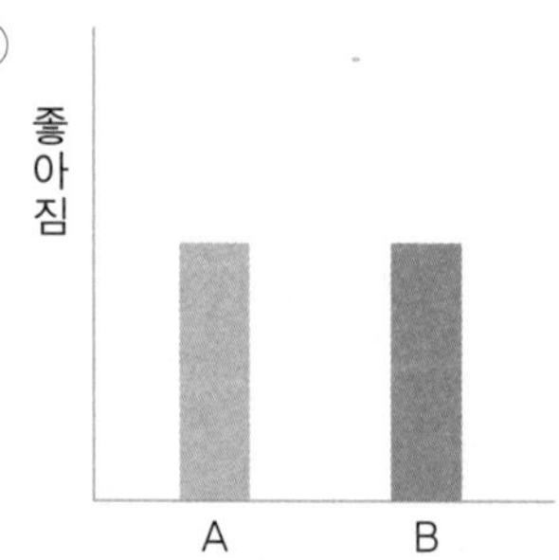

③

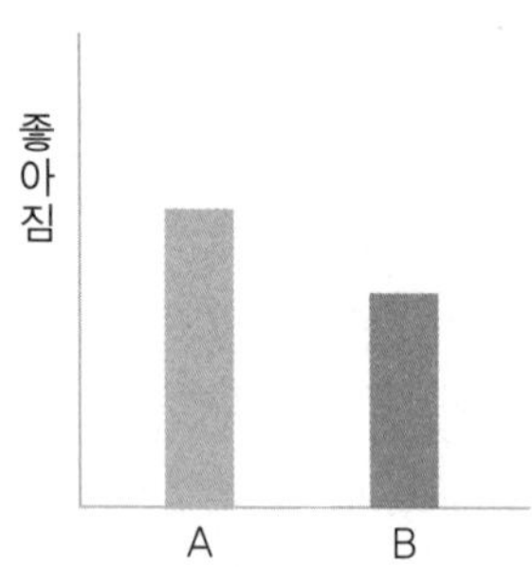

④

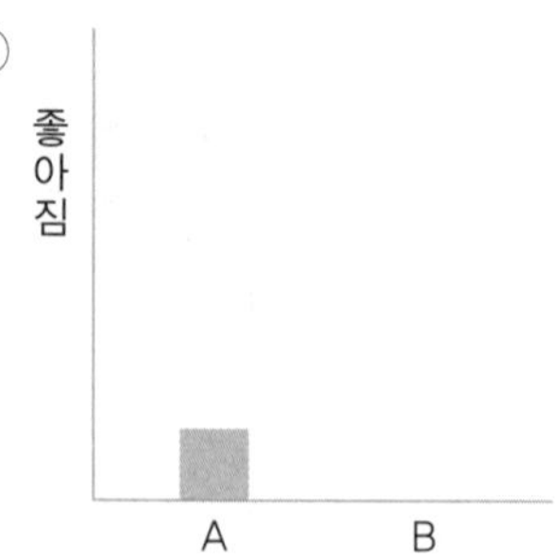

4. 플라시보 효과처럼 긍정적인 생각이나 부정적인 생각 때문에 결과가 달라졌던 경험이 있습니까? 메모하고 글을 써 보세요.

당시의 상황	
당시의 마음 상태	
일의 결과	

복습 2

어휘

1. 정리하기

다음에서 알고 있는 어휘에 √ 해 보세요.

3-1.

- ☐ 제품
- ☐ 생필품 / 생활필수품
- ☐ 농산물 / 수산물 / 공산품
- ☐ 수요 / 공급
- ☐ 생산자 / 소비자
- ☐ 호황 / 불황
- ☐ 호경기 / 불경기
- ☐ 소비가 늘다 / 줄다
- ☐ 물가가 오르다 / 내리다
- ☐ 가격이 상승하다 / 하락하다
- ☐ 가격이 폭등하다 / 폭락하다
- ☐ 소득이 증가하다 / 감소하다
- ☐ 생산량이 증가하다 / 감소하다
- ☐ 구매력이 높아지다 / 떨어지다
- ☐ 가격을 인상하다 / 인하하다

3-2.

- ☐ 공정 무역
- ☐ 다국적 기업
- ☐ 대기업 / 중소기업
- ☐ 국산(품) / 외제
- ☐ 수입품 / 수출품
- ☐ 무역 흑자 / 무역 적자
- ☐ 선진국 / 개발 도상국 / 저개발국
- ☐ 사업에 투자하다
- ☐ 경제 협력을 증진하다
- ☐ 환율이 상승하다 / 하락하다 / 변동하다
- ☐ 수입 / 수출이 증가하다 / 감소하다
- ☐ 원조(를) 하다 / 원조를 받다
- ☐ 해외에 진출하다 / 투자하다
- ☐ 원화 / 달러 가치가 올라가다 / 떨어지다

4-1.

- ☐ 보약 / 보양식
- ☐ 발암 물질
- ☐ 발효 식품
- ☐ 산성 / 알칼리성
- ☐ 단백질 / 지방 / 탄수화물
- ☐ 무기질 / 비타민
- ☐ 편식(을) 하다
- ☐ 식욕을 돋우다
- ☐ 음식을 섭취하다
- ☐ 채식 / 육식(을) 하다
- ☐ 건강을 유지하다
- ☐ 열량이 높다 / 낮다
- ☐ 영양분이 풍부하다
- ☐ 병을 유발하다
- ☐ 함량이 높다 / 낮다
- ☐ 항암 효과가 크다 / 뛰어나다

4-2.

- ☐ 민간요법
- ☐ 몸져눕다
- ☐ 문지르다
- ☐ 쓰다듬다
- ☐ 어루만지다
- ☐ 주무르다
- ☐ 어지럽다
- ☐ 체하다
- ☐ 멀미(를) 하다
- ☐ 딸꾹질을 하다
- ☐ 약을 쓰다
- ☐ 쥐가 나다
- ☐ (다리가) 저리다
- ☐ (속이) 메슥거리다
- ☐ 온몸이 쑤시다
- ☐ 편두통이 있다
- ☐ 씻은 듯이 낫다
- ☐ 머리가 지끈지끈 아프다

2. 평가하기

[1-4] 다음 (   )에 알맞은 것을 고르세요.

1. 장마철에는 과일값이 올라가게 된다. 과일의 (   )은/는 줄어드는 데 반해 수요는 줄어들지 않기 때문이다.

① 공급　② 구매　③ 공산품　④ 농산물

2. 전문가들의 예상대로 (   ) 시작했다. 달러화에 대한 원화 환율은 어제와 비교해 1.4원 내린 1,133.3원에 거래되고 있다.

① 환율이 고정되기　② 환율이 하락하기　③ 무역 흑자가 나기　④ 무역 적자가 나기

3. 다이어트는 (   ) 방법과 밀접히 관련되어 있다. 살을 빼려면 되도록 채소를 많이 섭취하되, 즐거운 마음으로 천천히 먹어야 한다.

① 채식을 하는　② 육식을 하는　③ 식욕을 돋우는　④ 음식을 섭취하는

4. 아기가 자는 모습을 보니 정말 귀여워서 손으로 머리를 (   ) 주었다.

① 주물러　② 더듬어　③ 문질러　④ 쓰다듬어

[5-8] 다음 밑줄 친 부분과 바꿔 쓸 수 있는 말을 고르세요.

5. <u>쌀, 채소, 과일과 같은 물품</u>은 날씨의 영향을 많이 받는다. 날씨에 따라 공급량이 달라지기 때문에 가격 변동이 심한 편이다.

① 수입품　② 농산물　③ 국산품　④ 수산물

6. 재벌이라고 불리는 <u>규모가 큰 회사</u>들은 지속적인 발전을 위해 기술 개발 연구소를 운영하거나 거대한 자본을 투자해 사업을 확장한다.

① 대기업　② 중소기업　③ 공정 무역　④ 다국적 기업

7. 담배에는 다량의 해로운 물질이 포함되어 있다. 특히 암을 유발하는 성분으로 인해 흡연자는 비흡연자에 비해 폐암에 걸릴 가능성이 높다.

① 탄수화물 ② 발암 물질 ③ 독성 물질 ④ 발효 식품

8. 아버지는 IMF 경제 위기 때 사업에 실패하자 술만 드시다가 병에 걸리게 되셨다. 그래서 형이 병에 걸려 몸이 불편한 아버지를 대신해 집안의 가장 역할을 해 왔다.

① 문지르신 ② 몸져누우신 ③ 쓰다듬으신 ④ 어지러우신

[9-11] 다음 ( )에 공통적으로 들어갈 단어를 고르세요.

9.

> 과거에는 딸보다는 아들을 더 ( ) 의식이 강했다.
> 젊은이들은 공무원이나 교사와 같이 안정적인 직업을 ( ).
> 이번 대학 입시에서도 의대와 법대를 ( ) 경향이 뚜렷했다.

① 추구하다 ② 진학하다 ③ 선호하다 ④ 추천하다

10.

> 자본주의에서는 개인의 이익 추구를 최대한 ( ).
> 새로 뽑힌 시장은 서민들의 기본적인 생활을 ( ) 제도를 마련했다.
> 이 은행의 새 상품은 수익률은 높지만 원금을 ( ) 못한다는 단점이 있다.

① 보장하다 ② 보호하다 ③ 보관하다 ④ 보충하다

11.

> 영화 〈클래식〉의 배경 음악은 그 영화를 ( ) 슬프면서도 아름답게 만든다.
> 갈비찜을 할 때 키위나 파인애플을 갈아 넣으면 고기가 ( ) 부드러워진다.
> 흰색 레이스가 달린 치마는 아름다운 그녀를 ( ) 여성스럽게 보이게 한다.

① 문득 ② 한층 ③ 아무리 ④ 비교적

[12-13] 다음 밑줄 친 부분이 어색한 것을 고르세요.

12. ① 그 여자가 식당으로 들어오자 친구가 내 옆구리를 쿡 찔렀다.
② 이미 결정된 일에 대해 새삼스레 문제를 제기하고 싶지 않다.
③ 배가 고픈 아기는 어머니가 준 우유를 쌔근쌔근 먹기 시작했다.
④ 친구에게 무슨 걱정이 있느냐고 묻자 물끄러미 내 얼굴만 바라보았다.

13. ① 민수는 이번 시험을 못 봤다며 울상을 지었다.
② 점심에 삼계탕을 먹었더니 힘이 솟는 느낌이 들었다.
③ 직장인들은 지나친 스트레스로 인해 피로가 사라지게 된다.
④ 약을 먹지 않아도 마음을 긍정적으로 먹으면 면역력이 올라간다.

[14-15] 다음을 읽고 질문에 답해 보세요.

지난겨울 독감으로 몸져눕게 된 일이 있었다. 마치 매라도 맞은 것처럼 (㉠) 아팠다. 그리고 멀미하듯이 (㉡) 하고 머리도 지끈지끈 아팠다. 어찌나 감기가 심하던지 3일 동안 심하게 앓다가 겨우 정신을 차릴 수가 있었다.

14. ㉠에 알맞은 것을 고르세요.
① 어지럽고 ② 다리가 저리고
③ 온몸이 쑤시고 ④ 딸꾹질을 하고

15. ㉡에 알맞은 것을 고르세요.
① 쥐가 나기도 ② 씻은 듯이 낫기도
③ 편두통이 있기도 ④ 속이 메슥거리기도

문법과 표현

1. 정리하기

다음에서 알고 있는 문법과 표현에 √ 해 보세요.

3-1. □ 궂은 날씨**에도 불구하고** 이렇게 많이 찾아 주셔서 감사합니다.
□ 소고기 가격이 오르**자** 돼지고기를 구입하는 사람들이 많아졌어요.

3-2. □ 환경적 측면**으로 볼 때** 일회용 종이컵을 사용하는 것보다는 개인 컵을 사용하는 게 낫다.
□ 그는 몸이 마비되어 움직일 수 없는 **가운데**서도 공부를 열심히 해서 대학을 졸업할 수 있게 되었다.

4-1. □ 어제 도서관에서 빌린 책은 한자가 너무 많아서 읽**을래야** 읽**을 수가 없었어요**.
□ 제 의견에 대해 사람들이 무조건 비판만 하니까 **어찌나** 화가 **나던지** 참을 수가 없었어요.

4-2. □ 이렇게 맛없는 음식을 먹**을 바에는** 차라리 굶는 게 낫겠다.
□ 밤새 눈이 많이 내**린 까닭에** 길이 미끄러워 교통사고가 빈발했다.

2. 평가하기

[1-3] 다음 밑줄 친 부분과 바꾸었을 때 의미가 가장 비슷한 것을 고르세요.

1. 그 남자는 <u>너무 취한 까닭에</u> 교통사고를 목격하고도 기억하지 못했다.
① 취해서 ② 취하자마자
③ 취했음에도 ④ 너무 취했지만

2. 영화에 잔인한 장면이 많아서 끝까지 <u>볼래야 볼 수가 없었다</u>.
① 보려고 하지도 않았다 ② 보려고 해도 볼 수 없었다
③ 보려는 것에 불과했다 ④ 보려고 하지 않는 게 낫다

3. <u>독감이 유행하자</u> 많은 노약자들이 이로 인해 사망하게 되었다.
① 독감이 유행해서 ② 독감이 유행하려고
③ 독감이 유행할수록 ④ 독감이 유행한다손 치더라도

[4-8] 다음 (　　　　　　)에 알맞은 것을 고르세요.

4.

어제 한국이 낳은 세계적인 소프라노 사라 박의 공연이 있었다. 폭우가 쏟아지는 (　　　　　　) 많은 관객들이 그 공연을 보려고 공연장을 찾았다.

① 날씨가 궂을 바에는　　② 날씨가 궂은 까닭에
③ 궂은 날씨로 인해서　　④ 궂은 날씨에도 불구하고

5.

라면, 햄버거와 같은 인스턴트식품은 (　　　　　　) 열량만 높고 영양분 함량이 낮아서 건강에 좋은 식품이라고 할 수 없다.

① 영양 가운데서도　　② 영양으로 볼 때
③ 영양이 있건 없건　　④ 영양에도 불구하고

6.

신형 스마트폰이 개발되면서 스마트폰 어플리케이션도 다양해졌다. 버스 도착 시간을 알려 주기도 하고 다양한 게임도 제공한다. 그러나 (　　　　　　) 스마트폰 해킹으로 개인 정보를 알아내는 범죄가 등장하기도 했다.

① 스마트폰이 보급되고도　　② 스마트폰이 널리 보급된 양
③ 스마트폰 보급은 말할 것도 없고　　④ 스마트폰이 널리 보급되는 가운데

7.

생일에 친구와 뮤지컬을 보기로 했다. 그런데 공연 당일에 친구가 급한 일이 생겼다고 연락을 해 왔다. 혼자 갈까도 생각해 봤지만 (　　　　　　) 차라리 집에서 쉬는 것이 낫겠다는 생각이 들어 예매를 취소했다.

① 생일에 혼자 공연을 보기에　　② 생일에 혼자 공연을 보거니와
③ 생일에 혼자 공연을 볼 바에야　　④ 생일에 혼자 공연을 보기 일쑤이니

8.

> 지난 주말 친구들과 춘천에 놀러 가서 남이섬, 자라섬도 구경하고 자전거도 탔다. 점심으로는 춘천 닭갈비를 먹었다. 닭갈비가 (　　　　　　) '둘이 먹다가 하나가 죽어도 모른다'는 한국어 표현이 비로소 이해가 됐다.

① 맛은 있되　　② 맛은 있으리라
③ 어찌나 맛있던지　　④ 맛은 말할 것도 없고

[9-10] 다음을 읽고 (　　　　　　)에 알맞은 것을 고르세요.

> 올여름 폭염과 잦은 태풍으로 인해 농수산물 가격이 폭등했다. 정부는 하반기 물가 상승률을 3.3%로 예상하고 있지만 서민들이 느끼는 물가 인상 체감도는 더 심각할 것으로 보인다. 배추, 대파, 콩, 쌀 등 서민들의 밥상에 오르는 농산물의 가격이 치솟고 있다. 농산물 가격이 (　　㉠　　) 이 농산물을 가공해 만드는 김치, 두부 등의 가격도 줄줄이 오르고 있다. 서민들이 물가로 (　　㉡　　) 정부도 서둘러 물가 안정화 대책을 내놓고 있지만 별 효과를 거두지 못하고 있다.

9. ㉠에 알맞은 것을 고르세요.

① 상승하자　　② 상승으로 볼 때
③ 어찌나 상승하던지　　④ 상승한다손 치더라도

10. ㉡에 알맞은 것을 고르세요.

① 고통을 받는 양　　② 고통을 받고 있는 가운데
③ 고통을 받을 바에야　　④ 고통을 받음에도 불구하고

읽기와 쓰기

1. 다음은 신문 기사의 제목입니다. 가장 잘 설명한 것을 고르세요.

맵고 짠 한국인의 식습관, 위암 발병과 관련돼

① 한국인은 맵고 짜게 먹어서 위암에 잘 걸린다.

② 맵고 짠 음식을 먹어야 위암을 예방할 수 있다.

③ 위암에 걸리지 않기 위해서는 한식을 먹어야 한다.

④ 한국인의 식습관과 위암에 걸리는 것은 상관이 없다.

[2-3] 다음을 읽고 질문에 답해 보세요.

한국인의 밥상에 빠져서는 안 되며 한국인과 뗄래야 뗄 수 없는 음식, 김치. 김치는 이제 한국인뿐만 아니라 외국인들도 즐기는 건강식품이 되었다. 많은 사람들이 즐겨 먹는 김치의 어떤 성분이 건강에 도움을 주는 것일까?

김치는 배추나 무 등의 채소를 소금에 절여서 고춧가루나 젓갈 등으로 양념해 발효시킨 음식이다. 김치가 발효되는 과정에서 유산균이 발생하게 되는데 이 유산균은 장내의 유해 미생물의 증식을 막고 체내의 콜레스테롤 농도도 낮춰 동맥 경화와 같은 혈관 질환을 예방하는 효과가 있다.

최근에는 김치가 다이어트에 효과가 있다는 연구도 나와 눈길을 끌고 있다. 고춧가루의 매운 맛을 내는 '캡사이신'이라는 성분이 체지방 연소를 촉진해 체중 감량에 도움을 줄 뿐만 아니라 배추에 풍부한 식이 섬유가 내장 운동 및 배변 활동을 촉진시켜 장 건강에 효과적이라는 것이다.

2. 이 글의 중심 내용으로 가장 알맞은 것을 고르세요.

① 한식과 김치　② 김치의 성분과 효과

③ 김치와 다이어트　④ 한국인의 건강 밥상

3. 이 글의 내용과 다른 것을 고르세요.

① 김치는 발효 식품 중의 하나이다.

② 김치의 매운 맛이 다이어트에 도움이 된다.

③ 김치를 먹으면 혈관 질환을 예방할 수 있다.

④ 김치의 유산균은 체지방을 연소하는 데에 도움을 준다.

[4-6] 다음을 읽고 질문에 답해 보세요.

㉠인플레이션이란 일정한 기간 동안에 물가가 계속 상승하는 것을 말한다. 예를 들어 사과 한 개의 가격이 1,000원이라고 가정했을 때 이 사과의 가격이 하루아침에 2,000원, 3,000원으로 급격히 올라가는 것을 인플레이션이라고 한다. 이때 월급 등 소비자의 수입도 같이 올라갈 경우 이러한 급격한 인플레이션은 큰 문제가 되지 않는다. 또한 ㉡그런 수입 증가와 동시에 오랜 시간에 걸쳐 물가가 천천히 올라가는 경우도 별로 문제가 되지 않는다. 그러나 짧은 시간에 급격하게 물가가 상승하면 경제 혼란이 심각해진다. 구소련이 붕괴된 후에 ㉢물가가 1년 만에 70배까지 폭등한 예가 있는데 이런 극단적인 인플레이션을 하이퍼인플레이션이라고 한다.

인플레이션은 전쟁이나 산업 구조 파괴로 인해 공급이 수요보다 지나치게 부족할 때, 또는 공급에는 큰 문제가 없음에도 불구하고 수요가 지나치게 커질 때 발생할 가능성이 높다. ㉣극단적인 인플레이션을 막기 위해서 정부는 적절한 금리 정책을 세우는 것이 중요하다.

(2012년 봄 학기, 가나코, 일본)

4. ㉠~㉣ 중에서 이 글의 중심 내용을 고르세요.

① ㉠　② ㉡　③ ㉢　④ ㉣

5. 이 글의 내용과 같은 것을 고르세요.

① 인플레이션은 보통 급격한 임금 상승과 함께 일어난다.

② 인플레이션은 수요가 공급보다 지나치게 많을 때 발생한다.

③ 인플레이션은 천천히 물가가 지속적으로 상승하는 것을 말한다.

④ 인플레이션을 막기 위해서는 정부가 임금을 늘리는 대책을 세워야 한다.

6. 여러분 나라의 물가는 한국의 물가와 비교해 어떻습니까? 이야기해 보세요.

7. 인플레이션을 보다 쉽게 설명할 수 있는 예를 써 보세요.

인플레이션이란 ______________________________.

예를 들어 ______________________________

____

____

____

____

____

____

______________________________.

듣기와 말하기

1. 무엇에 대해 이야기하고 있는지 고르세요. track 5

① 야식의 위험성
② 올바른 식습관
③ 비만과 건강한 식사
④ 올바른 식단과 건강

[2~3] 다음 대화를 듣고 질문에 답해 보세요. track 6

2. 남자의 태도로 맞는 것을 고르세요.
① 예를 들어 개념을 설명하고 있다.
② 자신의 주장을 논리적으로 펴고 있다.
③ 전문가에게 질문을 통해 정보를 얻어 내고 있다.
④ 상대방과 협동적으로 문제의 해결책을 모색하고 있다.

3. 대화 내용을 가장 잘 이해한 사람을 고르세요.
① 재민 : 삼계탕의 수요가 늘면 추어탕도 수요가 급격히 늘겠지.
② 수진 : 삼겹살 가격이 올라가면 상추 가격은 떨어지게 될 거야.
③ 은희 : 치킨의 수요가 줄면 맥주의 수요도 줄어들게 될 것 같아.
④ 정철 : 보완재와 대체재는 경쟁적이라는 점에서 공통점이 있네.

[4~5] 다음 강연을 듣고 질문에 답해 보세요. track 7

4. 들은 내용과 같은 것을 고르세요.
① 균형 잡힌 식사로 스트레스를 극복할 수 있다.
② 직장 업무에 몰입하는 것도 스트레스를 완화시켜 준다.
③ 충분한 영양과 수면으로 건강한 생활을 유지할 수 있다.
④ 긍정적인 마음가짐을 가지면 스트레스를 덜 받을 수 있다.

5. 남자의 생각으로 가장 알맞은 것을 고르세요.

① 충분한 영양분은 정신 건강에 도움이 된다.

② 정신 건강은 육체적 건강 못지않게 중요하다.

③ 실패를 두려워하는 사람은 건강을 유지할 수 없다.

④ 건강한 생활을 하려면 전문가와 상담을 해야 한다.

6. 여러분만의 건강 유지 비결이 있습니까? 친구들과 이야기해 보세요.

스트레스 해소법	감기(암 등의 병)를 이겨 내는 비결	젊음을 유지하는 비결

출처 밝히고 분석하기	• ~(자료)에 따르면 ~다고 하다 • ~으로 나타나다 • ~으로 인해 ~는 것을 알 수 있다[예상된다]
의견 정리하기	• 먼저 ~다는 의견[주장]이 있다. 반면에 ~다는 의견[주장]이 있다 • 먼저, 다음으로, 마지막으로 ~다는 의견[주장]이 있다

V 성공과 실패

1 새로운 시도

어휘 도전의 과정과 결과

문법과 표현
- A/V-다 뿐이지
- V-기란

읽기와 쓰기
- 청계천 복원과 대중교통 체계 개편에 대한 기사 읽기
- 자국의 새로운 제도에 대해 평가하는 글 쓰기

2 흔들리며 피는 꽃

어휘 시련과 극복

문법과 표현
- A/V-(으)ㄹ지라도
- V-는 한

읽기와 쓰기
- 장애를 극복한 사람에 대한 전기문 읽기
- 시련을 극복하고 성공한 사람에 대한 평전 쓰기

1. 새로운 시도

어휘

서로 관계있는 것끼리 연결하고 문장을 완성해 보세요.

발전에	공헌하다
비난을	기여하다
실패로	끝나다
거세게	회의적이다
반응이	무릅쓰다
사회에	받다
반대를	가져오다
혼란을	반발하다

1. 산업리더상은 정보 통신 분야의 노벨상으로 매년 정보 통신 분야의 발전에 기여한 기업인에게 수여하는 상이다.

2. 작년까지는 대학 입시에서 내신 성적의 비중이 높았으나 올해에는 수학능력시험 점수의 비중이 높다고 한다. 이렇게 대학 입학 제도가 자주 바뀌게 되면 학부모는 물론 학생들에게 ____________ 수 있다.

3. 내가 대기업 부장이라는 직책을 버리고 연극배우가 되려고 하자 아내는 심하게 반대했다. 이왕 시작한 일이니 아내의 ____________ 더욱 열심히 했고 나는 결국 '최고연기상'까지 받게 되었다.

4. 정부에서 작년에 이어서 올해에도 버스와 지하철 요금을 인상하겠다고 발표하자 시민들이 ____________.

5. 대기업들은 기업의 이윤*을 사회에 돌려주고 ____________기 위해서 자선 단체를 만들어 저소득층 아이들, 미혼모, 독거노인들을 지원하고 있다.

* 이윤: 기업이나 회사의 이익.

* **비하하다:** 무시하고 낮추어 보다.

6. 정치인 K 씨는 암탉이 울면 집안이 망한다는 속담을 인용해 상대편 여성 정치인을 공격했다. 이 소식이 뉴스에 보도되자 K 씨는 여성을 비하했다는* ____________ 되었다.

7. 외국인이 한국 국가 대표팀 감독이 되었다고 해서 히딩크 축구 감독에 대해 ____________ 사람들이 많았다. 그러나 이런 사람들도 히딩크 감독이 월드컵 4강 신화를 이룬 후에는 모두 박수를 보냈다.

8. 동생은 퇴직금으로 작은 식당을 시작했다. 그러나 사업 준비를 꼼꼼하게 하지 않아서 그런지 사업은 ____________ 퇴직금을 모두 잃게 되었다.

어휘 2

대화를 완성해 보세요.

환영을 받다	호응을 얻다	긍정적인 평가를 받다
목표를 달성하다	발전에 장애가 되다	

* **박연하다:** 뚜렷하지 못하고 어렴풋하다.

* **마비되다:** 움직일 수 없다.

: 어떤 사회에서나 변화에 대한 막연한* 두려움을 가지고 있다고 생각해요. 그래서 누군가 새로운 것을 시도할 때 처음부터 1. 긍정적인 평가를 받기란 힘들지요.

: 청계천 복원 공사도 마찬가지였어요. 처음에는 시민들로부터 적극적인 2. ____________ 못했다고 들었어요.

: 시민들은 청계천 복원 공사가 세금만 낭비하고 서울시 발전에 기여하는 면이 없다고 생각했어요. 상인들도 자신들의 생계만 위협할 뿐 청계천 공사가 오히려 서울시 3. ____________ 생각을 가지고 있었어요.

: 더구나 복원 공사가 시작되면서 주변 교통이 마비되어* 시민들로부터 더욱 4. ____________ 못했고 언론마저도 회의적인 반응을 보였어요.

: 그러나 결과적으로는 친환경 도시를 조성하려는 서울시의 노력이 물거품이 되지는 않았어요. 이제 청계천이 시민의 휴식 공간으로 자리 잡았으니 5. ____________ 고 봐야 되지 않을까요?

: 맞아요. 이제 서울시의 새로운 시도가 실패로 끝났다고 말하는 사람은 없을 거예요.

어휘 3

다음 제도의 과정이나 결과에 대해 써 보세요.

새로운 시도

과정

- **반대**
  반대를 무릅쓰다
  거세게 반발하다
  반응이 회의적이다
  비난을 받다
- **찬성**
  호응을 얻다
  환영을 받다

결과

성공: 목표를 달성하다 / 큰 성과를 내다

실패: 실패로 끝나다 / 노력이 물거품이 되다

1. 동성애자 결혼 합법화	2. 흉악범 얼굴 공개
3. 성범죄자 전자 발찌 착용	4. 정치인 재산 공개

1. 동성애자 결혼 합법화는 종교계나 시민들의 비난을 받아 실패로 끝나게 될 가능성이 있다고 본다.

2. ______________________________.

3. ______________________________.

4. ______________________________.

어휘 4

_______에 들어갈 말을 골라 넣으세요.

취지 중단하다 환승 개편하다 혼란을 초래하다

상담원 : 안녕하세요? 정성을 다하는 다산콜센터 김민정입니다.

시 민 : 이번에 서울시가 새로 1.__________ 대중교통 제도에 대해 궁금해서 전화드렸는데요. 왜 같은 버스로 갈아타면 할인 요금이 적용되지 않나요?

상담원 : 새로운 대중교통 제도의 2.__________은/는 현재 이용하는 버스나 지하철이 목적지로 가지 않아 다른 버스를 이용하거나 지하철을 이용할 때 거리를 고려하여 시민들에게 혜택*을 주자는 것입니다. 그래서 같은 번호로 갈아타신 경우에는 3.__________(으)로 인정되지 않습니다.

시 민 : 그럼 같은 버스만 아니라면 열 번, 스무 번 갈아타도 할인 혜택을 받을 수 있겠네요.

상담원 : 아닙니다. 최대 4회까지 요금 할인이 가능합니다.

시 민 : 택시 요금 할인 제도는 없나요?

상담원 : 택시는 대중교통으로 인정되지 않아 환승 제도를 실시할 경우 큰 4.__________ __________ 수 있어서 아직 시행되지 않고 있습니다.

* **혜택:** 은혜와 덕택, 이로움.

문법과 표현

A/V-다 뿐이지

A 다음과 같이 대화를 완성해 보세요.

~~좋다~~ 다르다 많다 바뀌다 찌그러지다 심하게 하다

새로 생긴 병원이 어때요?

건물만 좋다 뿐이지 서비스는 별로 좋지 않았어요.

1. 새로 생긴 식당 어때요?

   양만 ______________ 음식 맛은 별로였어요.

2. 외국인으로서 한국에서 유학 생활하는 게 어때요?

   언어만 ______________ 생활하는 데 큰 어려움은 없어요.

3. 어머니께서 화가 많이 나신 것 같아요.

   말씀만 ______________ 마음은 그렇지 않으실 거예요.

4. 올해부터 한국어 시험이 많이 어려워진다는 말이 있어요.

   문제 유형만 ______________ 열심히 공부하면 잘할 수 있을 거예요.

5. 교통사고 났다고 들었는데 다친 데 없으세요?

   차만 조금 ______________ 다친 데는 없어요.

B 다음과 같이 대화를 완성해 보세요.

어제 부부 싸움을 했는데 아내가 화가 나서 이혼하재요.

말만 그렇게 했다 뿐이지 실제 마음은 그렇지 않을 거예요.
말만 그렇게 함

1. 오늘도 간단하게 피자나 햄버거로 끼니를 해결하자.

   ____________________________________.
   열량만 높음

2. 아드님이 참 키가 크네요. 든든하시겠어요?

   ____________________________________.
   키만 큼

3. 새로 생긴 가게에서 모든 물건을 천 원에 판다는데 가 볼까요?

   ____________________________________.
   광고만 그렇게 함

4. 난 발음이 정말 안 좋아. 한국어를 정말 못하는 것 같아.

   ____________________________________.
   발음만 안 좋음

문법과 표현 2 V-기란

A 다음과 같이 대화를 완성해 보세요.

선생님, 한국에서 3개월 동안 살았는데 한국말을 잘 못해서 걱정이에요.

3개월 만에 한국어를 잘하기란 어려운 일이에요. 포기하지 말고 계속 열심히 하면 잘할 수 있을 거예요.
계속 열심히 해야 함

1. 작년부터 담배를 끊으려고 했는데 쉽지 않아요.

______________________________.
마음을 굳게 먹고 노력해야 함

2. 지난주에 소개팅한 사람과 두 번 만났는데 아직 어떤 사람인지 잘 모르겠어요.

______________________________.
더 만나 봐야 함

3. 과장님, 저는 입사한 지 얼마 안 되어서 그런지 회사 업무를 아직도 잘 모르겠어요.

______________________________.
모르는 것은 혼자 고민하지 말고 선배에게 물어봐야 함

4. 말하기 대회에서 참가자들의 실력이 비슷해서 누구를 1등으로 뽑아야 할지 고민이군요.

______________________________.
실력뿐만 아니라 청중들의 반응도 고려해야 함

B 다음과 같이 대화를 완성해 보세요.

> 매일 한 시간씩 운동을 하겠다는 계획을 세웠는데 일주일도 못 했어요.
>
> 매일 한 시간씩 운동을 하기란 쉬운 일이 아니죠. 시간을 좀 줄여 보세요.

1. 돈을 모으려고 했는데 이번 달 월급도 다 써 버렸어요.

______________________________.

2. 다이어트를 하려고 매일 한 끼만 먹고 있는데 너무 힘들어요.

______________________________.

3. 매일 한국어로 일기를 쓰려고 했는데 사흘도 못 썼어요.

______________________________.

4. 부모님을 주말마다 찾아뵈려고 했는데 바빠서 자주 연락하기도 힘들어요.

______________________________.

읽고 쓰기

다음 기사를 읽고 질문에 답해 보세요.

ⓐ

도심 온도 낮아지고 버스 · 지하철 환승 쉬워져

서울시의 정책 중 가장 대표적인 것으로 꼽히는 청계천 복원과 대중교통 체계 개편이 마무리되었다. 대체로 '좋은 정책'이라는 평가를 받는 가운데 몇 가지 내용을 살펴봤다.

◆ 청계천 복원

청계천 복원 공사는 2003년 7월 착공했다. 태평로~신답철교 간 5.8㎞의 고가와 복개 도로를 헐고 하천을 복원하는 공사를 2년 3개월 간 벌여 2005년 10월 개통했다. 공사비 3,900억 원은 지하철을 3.5㎞ 뚫거나 한강 다리 1.5개를 건설할 수 있는 비용이다.

복원은 성공적이었다. 전국에서 관광객도 몰려 개통 8개월이 지난 현재까지 무려 2,000만 명가량이 다녀갔다. 청계천 복원은 도심 온도를 낮추고 바람길도 만들었다. 시정개발연구원의 분석 결과를 보면 온도가 최대 23% 낮아진 곳도 있었다. 청계천로를 따라 부는 바람의 속도 역시 복원 이후 7% 정도 빨라졌다.

청계천 복원은 공사 자체보다는 이익 집단과의 갈등을 성공적으로 해소한 데 더 큰 의의가 있다는 평가도 많다. 가장 큰 장애 요인이던 '청계천 상인 20만 명의 반대'를 원칙과 신뢰를 지킴으로써 큰 무리 없이 해소했다는 것이다.

그러나 청계천을 흐르는 물이 한강 물을 끌어올린 것이라 자연 하천과는 거리가 멀어 '5.8㎞짜리 분수'라는 비판도 있다.

◆ 대중교통 개편

2004년 7월 서울의 버스 운행 체계는 완전히 바뀌었다. 해방 후 60년간 주먹구구식으로 허가해 준 노선 시스템을 광역 · 간선 · 지선버스로 재정립했다. 30분 안에 갈아타면 요금을 더 내지 않게 한 버스-버스, 버스-지하철 환승 요금 체계도 도입하고 티-머니 교통 카드라는 편리한 지불 시스템도 개발했다.

전격적 시행이라 초기에는 불편하다는 불만이 많이 나왔지만 점차 효과가 나타나기 시작했다. 지하철 연계 버스 노선은 297개에서 385개로 늘어났고 버스의 이동 속도는 빨라졌다. 버스 · 지하철 이용객도 하루 934만 명에서 1,023만 명으로 늘었다. 반면, 최종 목적지까지 가는 데 드는 요금은 줄었다.

이렇게 대중교통이 빠르고 저렴해지자 특히 대학생 등 젊은이들로부터 호평받았다. 대학생들이 대중교통의 대표적 수요자이기 때문이다. 서울시 측은 "청계천 같은 다른 성과보다 대중교통 개편을 보고 서울시 정책에 대해 호감을 갖게 된 대학생이 많은 것으로 파악하고 있다."고 했다.

조선일보(2006. 6. 20.)

1. ⓐ에 들어갈 이 글의 제목을 고르세요.

① 반대 무릅쓴 서울시, 시민은 거세게 반발 중

② 콘크리트로 덮였던 청계천, 시민의 품으로 돌아와

③ 청계천 복원 공사 및 버스 체계 개편 시작, 시민 환영받아

④ 청계천 복원 · 버스 체계 개편 성공적 마무리, '좋은 정책' 평가받아

2. 이 글의 내용과 같은 것을 고르세요.

① 청계천을 복원해도 도심의 온도를 낮추는 데 큰 효과가 없었다.

② 청계천 복원은 이익 집단과의 갈등을 해소하자는 취지로 시행되었다.

③ 서울시의 대중교통 개편 정책에 대해 대학생들의 반응은 회의적이다.

④ 30분 안에 버스에서 지하철로 갈아타면 교통 요금이 추가되지 않는다.

3. 다음 그림 중 이 글의 내용과 일치하지 않는 것을 고르세요.

①

②
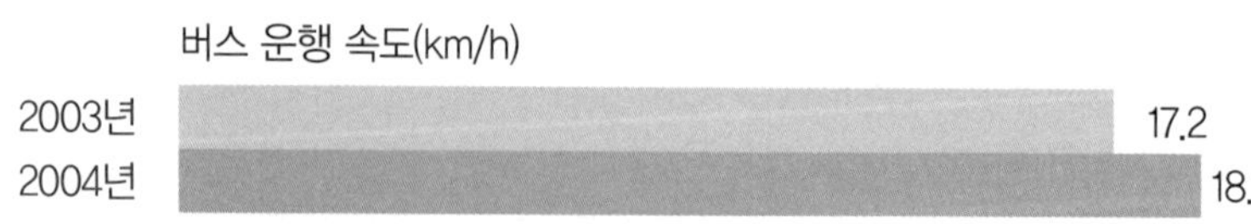

③

④

4. 처음 시도될 당시에는 비난을 받았지만 나중에는 발전에 기여한 것으로 평가되는 것이 있습니까? 메모하고 글을 써 보세요.

시도된 것	
비난받은 이유	
발전에 기여했다는 평가를 받은 이유	

2. 흔들리며 피는 꽃

어휘 1

서로 관계있는 것끼리 연결하고 문장을 완성해 보세요.

고통을	떨치다	희망이나 하고 싶은 일을 실제로 해내다
명성을	이루다	어떤 일에 뜨거운 마음과 애정을 가지고 노력을 기울이다
꿈을	감수하다	어떤 일을 하는 데에 인생 대부분의 시간을 쓰다
열정을	극복하다	유명해져서 많은 사람들이 이름을 알게 되다
일생을	받다	어려운 일을 참고 이겨 내다
인정을	쏟다	괴로움이나 아픔을 받아들이다
시련을	바치다	다른 사람들에게 좋은 평가를 받다

1. 신입 사원 김민수 씨는 능력이 뛰어나서 동료들로부터 칭찬을 들을 뿐만 아니라 상사들의 인정을 받는다.

2. 계속되는 사업 실패와 가족과의 이별 등 어려움이 많았지만 끝까지 포기하지 않았기 때문에 ______________ 성공할 수 있었다.

3. 남들이 보기에는 쓸데없는 일일지라도 자신이 좋아하는 일에 애정을 갖고 ______________(으)면 결국 그 분야에서 성공하게 될 것이다.

4. 15세에 처음 봉사를 시작한 후 평생 어려운 이웃을 위해 헌신해* 온 그 사람이야말로 남을 돕는 데 ______________ 평가를 받을 만하다.

5. 폭설 때문에 전기 공급이 끊겨서 주민들이 불편을 겪고 있다. 정부는 주민들에게 인력과 장비를 모두 동원해* 복구하고 있으니 며칠만 ______________ 요청했다.

6. 어릴 때부터 나는 의사가 되어 가난한 사람들을 무료로 치료해 주고 싶었다. 그 ______________기 위해 의대에 진학해서 열심히 공부하고 있다.

* **헌신하다:** 몸과 마음의 있는 힘을 다함.

* **동원하다:** 사람이나 물건 등 수단, 방법을 집중하다.

7. 지방의 작은 공장에서 출발한 그 회사는 뛰어난 품질의 상품과 서비스로 국내뿐만 아니라 세계적으로도 ______________.

어휘 2

밑줄 친 표현의 의미를 설명해 보세요.

성공하기 위해 충분히 계획을 세운 덕분에 목표를 이루게 되었다.

1. 어떤 일이나 성공하는 사람보다 시련에 부딪쳐 본 사람이 다른 사람의 아픔과 상처를 더 잘 이해할 수 있다.

2. 그는 시골의 가난한 가정에서 태어났다. 그러나 차근차근 돈을 모으고 꾸준히 노력해 자신의 회사를 세움으로써 주변 사람들에게 자수성가한 인물로 평가받고 있다.

3. 새로운 사업을 시작한 우리 아버지는 경쟁 업체의 방해와 부족한 자금*에도 불구하고 모든 악조건을 이겨 내고 사업을 성공으로 이끌었다.

* **자금:** 사업을 하는 데 쓰는 돈.

4. 가수 S 씨는 몸살과 고열로 몸 상태가 안 좋은 상황에서도 콘서트에 참석한 팬들을 위해 혼신의 힘을 다해 노래를 불렀다.

5. 전문가들은 성공하기를 원한다면 목표에 맞는 계획을 세운 뒤 한눈을 팔거나 포기하지 말고 꾸준히 목표를 향해 나아가라고 충고한다.

6. 이 일은 전부터 하고 싶었던 일이었기 때문에 성공 여부와 관계없이 내가 할 수 있는 만큼 최선을 다해 볼 생각이다.

7. 능동적인 삶을 살기 위해서는 다른 사람들이 하는 대로 따라하기보다는 자신만이 할 수 있는 일을 찾아 자신의 삶을 개척하는 자세가 필요하다.

어휘 3

❀ 약력을 보고 인물의 삶에 대해 써 보세요.

고통을 감수하다	인정(을) 받다	열정을 쏟다
명성을 떨치다	삶을 개척하다	꿈을 이루다
최선을 다하다	시련을 극복하다	일생을 바치다
목표를 이루다	시련에 부딪치다	자수성가하다
목표를 향해 나아가다	악조건을 이겨 내다	혼신의 힘을 다하다

1.

라면왕 이철호

- 전쟁으로 가족과 이별, 부상
- 노르웨이로 이민
- 계속되는 사업 실패, 아내와 사별
- 라면 사업 시작했으나 주위의 무관심으로 어려움을 겪음
- 라면 사업 성공

노르웨이 이민 후 여러 악조건을 이겨 내고 라면 사업을 시작했다. 주위의 무관심에도 계속 라면 개발에 열정을 쏟았고 결국 라면 사업 성공으로 명성을 떨치게 되었다.

2.

스티븐 호킹

- 1964년 22세의 나이에 루게릭병 진단 받음
- 의사들로부터 시한부* 선고를 받음
- 걷지도 글씨를 쓰지도 못하는 상태로 평생 연구에 몰두함
- 세계적인 물리학자로 평가받음

* **시한부:** 정해진 시간의 한계.

3.

정주영

- 강원도에서 가난한 농부의 아들로 출생
- 식민지와 한국 전쟁 시기에 연속으로 사업 실패
- 큰 자본금이나 배경 없이 현대기업을 세움
- 초등학교 학력으로 회사를 경영해 발전시킴

4.

이상묵

- 서울대학교 해양학과를 졸업하고 1995년 MIT에서 해양지질학으로 박사 학위를 받음
- 2004년 서울대학교 교수로 채용되어 연구 활동을 활발히 함
- 2006년 7월 미국 야외 지질 조사를 나갔다가 자동차가 전복되는 사고로 목 아랫부분이 완전히 마비됨
- 힘든 재활 훈련을 이겨 내고 전동 휠체어를 타고 학교로 돌아옴
- 연구를 계속하며 장애인의 재활과 복지를 돕는 사업에도 적극 참여하고 있음

어휘 4

빈칸에 들어갈 말을 넣어 주세요.

a 칠					가	b
나 전						
팔			c			
기						
			다			
라		d			마	e

가로 열쇠 (⇨)	
가	수입이 지출보다 많아 이익이 발생하는 일
나	다른 방향이나 상태로 바뀌게 된 계기
다	품질에 대한 평가
라	항상 자리 옆에 두고 가르침으로 삼는 말이나 글
마	병이나 판결을 알림

세로 열쇠 (⇩)	
a	일곱 번 넘어지고 여덟 번 일어남
b	물려받은 재산 없이 혼자 힘으로 재산을 모음
c	노력이 ○○○이 되다
d	세상에 알려진 유명한 이름
e	일의 중요한 부분이나 힘든 때

문법과 표현

A/V-(으)ㄹ지라도

A 문장을 완성해 보세요.

1. 민수는 나이가 어릴지라도 (나이가 어리다) 어른처럼 남을 먼저 생각하고 배려할 줄 안다.

2. 나는 20년째 세계 각국의 우표를 모으고 있다. 남이 보기에는 작은 우표 하나가 ____________ (별로 중요하지 않다) 나에게는 아주 중요한 의미를 가진다.

3. 아무리 ____________ (훌륭한 스승에게 배우다) 스스로 노력하지 않으면 좋은 결과를 얻을 수 없다.

4. 스티븐 호킹 박사는 ____________ (몸이 불편하다) 물리학 연구를 포기하지 않고 평생을 연구에 몰두해서* 많은 성과를 냈다.

* **몰두하다:** 어떤 일에 열중하다.

5. 정부는 시민과 상인들의 ____________ (거센 반발이 있다) 시청 앞의 도로를 없애고 시민 공원을 조성하기로 했다.

6. 2012년도 대한민국 자원봉사상을 수상한 김민숙 씨는 수상 소감을 말하면서 ____________ (가진 것이 아무것도 없다) 남을 도우며 살아야 한다고 했다.

7. 〈하루 세 번 YES를 외쳐라〉라는 책에서는 긍정적인 사람이 되고 싶으면 타인의 의견에 ____________ (공감할 수 없다) 일단 'YES'라고 외치라고 했다.

8. 주변의 ____________ (반응이 회의적이다) 자신의 꿈을 향해 열심히 나아가다 보면 결국 그 꿈을 이루게 될 것이다.

B 서로 관계있는 것끼리 연결하고 문장을 완성해 보세요.

* 내색하다: 감정을 표정으로 드러내다.

1	시련과 어려움을 겪다	새로운 것에 도전하는 데에 문제가 되지 않는다
2	나이가 많다	부모님께서 걱정하시니까 내색하지* 말아야 한다
3	얼굴이 예쁘다	끝까지 삶을 포기해서는 안 된다
4	마음에 걱정이 있다	도전하는 것은 아름답다
5	성공할 수 없다	마음이 예쁘지 않으면 소용없다

1. 어떤 시련과 어려움을 겪을지라도 끝까지 삶을 포기해서는 안 됩니다.

2. ______________________.

3. ______________________.

4. ______________________.

5. ______________________.

문법과 표현 2

V-는 한

A 알맞은 말을 골라 대화를 완성해 보세요.

~~가족들이 도와주지 않다~~	통일이 되지 않다	살아 있다
응원해 주는 분들이 계시다	야구를 계속하다	

1. 기자 : 장애인들은 몸이 불편해서 혼자서는 외출이 자유롭지 못합니다.
   교수 : 맞습니다. 가족들이 도와주지 않는 한 외출이 쉽지 않은 게 현실입니다. 정부가 실시하고 있는 도우미 서비스를 더욱 확대해야 합니다.

* **왕래:** 오고 감.

2. 기자 : 김 교수님, 남북한의 자유로운 왕래*는 언제쯤 가능하겠습니까?
   교수 : 남북한이 ____________ 어렵다고 봅니다.

3. 기자 : 감독님, 2013년 야구대잔치 우승을 축하드립니다. 우승 소감 한 말씀 부탁드립니다.
   감독 : 제가 ____________ 이 우승의 기쁨을 절대 잊지 못할 겁니다.

4. 기자 : 열두 번의 암 수술을 이겨 내시고 건강을 되찾으셨다고 들었습니다. 힘든 수술을 어떻게 이겨 내셨습니까?
   환자 : 저는 ____________ 반드시 희망은 있고 사람이 이겨 내지 못할 고통과 시련은 없다고 생각했습니다.

* **수해:** 장마나 홍수로 인한 피해.

5. 기자 : 수해*를 입으신 이재민 한 분과 인터뷰해 보겠습니다. 많이 힘드실 텐데 지금 심경이 어떠십니까?
   시민 : 폭우로 집이 무너져서 앞으로 어떻게 살아야 할지 모르겠습니다. 그래도 국민 여러분들이 쌀하고 옷도 보내 주시고 여러 가지로 많이 도와주셔서 감사합니다. ____________ 희망을 가지고 열심히 살겠습니다.

B 다음을 보고 문장을 바꿔 써 보세요.

1. 김 박사 : 여러분이 어려울 때 용기를 내서 주위에 도와 달라고 말해 보세요. 여러분은 도움을 받을 수 있을 겁니다.
   ➡ 도움을 요청하지 않는 한 아무도 여러분을 도와주지 않을 겁니다.

2. 김 박사 : 아무리 힘든 일이 있더라도 포기하지 마십시오. 포기하지 않고 열심히 노력하면 절망 속에서도 반드시 희망은 있습니다.
   ➡ ____________.

3. 김 박사 : 건강을 되찾고 싶으십니까? 그럼, 술과 담배를 끊으십시오. 술과 담배를 가까이 하면 할수록 건강과는 멀어지게 됩니다.
   ➡ ____________.

* **소모:** 써서 없앰.

4. 김 박사 : 덜 먹는 것보다 더 움직이는 것이 다이어트에 더 도움이 됩니다. 될 수 있으면 자가용보다는 대중교통을 이용하는 것이 칼로리 소모*에 도움이 됩니다.
   ➡ ____________.

5. 김 박사 : 계획을 세우기만 한다고 꿈이 이루어지는 것은 아닙니다. 실천이 중요합니다. 실천하지 않으면 아무 것도 이룰 수가 없으니 강한 의지를 가지고 실천하려고 노력하십시오.

➡ ______________________________.

읽고 쓰기

다음 전기문을 읽고 질문에 답해 보세요.

천형 아닌 천혜(天惠)의 삶 살다간 장영희 교수

단발머리에 소녀 같은 미소, 명수필가이자 번역가, 영문학자였던 장영희 서강대학교(영어어문 · 영미문학과) 교수가 지난 5월 9일 낮 12시 50분 눈을 감았다. 생애 대부분을 목발에 의지했고 삶을 집어삼킬 것 같은 세 번의 암을 겪었지만 아무도 그녀에게 불행했다고 말하지 않는다. 그녀는 자신에게, 그리고 우리에게 한 글자 한 글자 온 힘을 다해 희망을 전하던 불멸의 소녀로 영면했다.

고통과 시련 위에 피워낸 꽃 같은 삶

장영희 교수(57)의 죽음이 세상에 전해진 5월 11일, 사람들은 울었다. 가족과 친구와 하늘이 울고 있을 때 그녀는 웃고 있었다. 서울 세브란스병원에 차려진 고인의 빈소에서 사진 속 그녀는 시종일관 웃음으로 조문객을 맞이했다. 죽음조차 언제나 다독이고 미소로 말을 걸었던 청량한 그녀의 삶과 닮았다.

한국 번역 문학의 태두, 영문학자 장왕록의 1남 5녀 중 셋째였던 그녀는 아버지의 뒤를 이어 영문학자 겸 번역가로 세상에 자신의 존재를 알렸다. 펄 벅의 〈살아 있는 갈대〉를 아버지와 공동 번역하고 〈슬픈 카페의 노래〉, 〈이름 없는 너에게〉, 〈큰 물고기〉, 〈피터팬〉 등을 번역한 동시에 폭넓고 섬세한 영문학 해설로 영문학을 대중 가까이에 끌어당겼다. 각종 칼럼과 에세이를 통해 따뜻하고 긍정적인 메시지를 전해 온 그녀는 차고 넘치는 사랑 가득한 삶을 살았다. 하지만 동시에 고통과 놀라움으로 가득한 삶이었다.

태어난 지 1년 만에 소아마비 판정을 받은 그녀는 다섯 살 때까지 제대로 앉지도 못해 누워만 있던 소아마비 1급 장애우였다. 초등학교 3학년 때까지 엄마 등에 업혀 학교에 갔고 엄마는 그녀를 화장실에 데려가기 위해 두 시간에 한 번씩 학교를 찾았다.

"운명처럼, 십자가처럼 어머니는 나를 업었다."라고 전하는 그녀지만 그렇게라도 학교에 갔다는 것이 중요했다. 그녀는 '육체 기능이 떨어지니 머리로 내 자신을 증명해 보여야 한다.'라고 생각했다. 그렇게 두 발 대신 공부로 이 세상에 발붙일 근거를 마련한 그녀는 서강대를 거쳐 뉴욕주립대에서 영문학 박사 학위를 받고 모교 교수로 취임한다.

장영희를 아는 사람들은 그녀를 '소녀 같은 사람'이라고 기억한다. 어깨에서 찰랑거리는 단발머리와 반짝이는 눈, 미소를 담은 얼굴, 언제나 밝은 표정으로 기분 좋게 뿜어내던 에너지는 그녀의 글에서도 맑고 건강하게 투영됐다. 그녀의 저서 중 〈생일〉과 〈축복〉은 사랑과 희망을 주제로 한 영미 시 모음집. 여러 칼럼과 에세이 연재를 통해 전해지는 씩씩한 삶의 의지는 그녀 스스로는 물론, 사람들 머릿속에서 그녀의 목발을 지웠다.

그런 그녀에게 2001년 병마가 찾아왔다. 미국에서 안식년을 마칠 무렵, 그동안 미국에서 낸 의료 보험료가 아까워 '밑천을 뽑기 위해' 받은 건강 진단에서 유방암 판정을 받은 것이다. 다행히 1년 만에 완쾌됐지만 2004년 다시 척추암 선고를 받는다. 꿋꿋한 의지로 병마를 이기고 이듬해 봄, 학생들의 환영을 받으며 강단에 복귀했지만 지난해 암이 간으로 전이되며 ⓐ<u>다시 목발을 짚지 못했다</u>. 2004년 완치된 줄 알았던 암이 재발했을 때 그녀는 "신은 다시 일어서는 법을 가르치기 위해 넘어뜨린다고 믿는다."라고 썼다. 고통스러운 투병 생활 속에서도 열정을 다해 쓴 두 번째 에세이의 제목은 〈살아온 기적 살아갈 기적〉. 눈 감기 하루 전 혼수상태에서 완성된 책을 품에 안은 그녀는 그렇게 마지막까지 열정이라는 기적을 낳고 눈을 감았다. (…)

레이디 경향(2009. 6. 16.)

1. 장영희는 어떤 사람입니까?

2. ⓐ의 뜻으로 가장 적절한 것은 무엇입니까?

① 목발이 필요 없을 정도로 건강이 회복되었다.
② 목발이 없어져서 목발을 짚을 수 없게 되었다.
③ 다른 보조 기구가 생겨 목발이 필요 없게 되었다.
④ 건강이 더 악화되어 목발을 짚을 수 없게 되었다.

3. 장영희는 어려움이 있을 때마다 어떻게 극복했습니까?

4. 여러분 주변에 시련을 극복한 사람이 있습니까? 메모하고 글을 써 보세요.

시련을 극복한 인물	
시련과 극복 과정	

VI 생활과 예술

1 생활 속의 예술

어휘 예술의 활용

문법과 표현
- V-고서는
- V-게끔

읽기와 쓰기
- 동피랑 마을에 대한 기사 읽기
- 예술이 사회를 변화시킨 자국의 사례 소개하는 글 쓰기

2 건축물의 미학

어휘 건축물의 아름다움

문법과 표현
- A-(으)면서(도)
- A-기(가) 이를 데 없다

읽기와 쓰기
- 수덕사 대웅전을 묘사하는 글 읽기
- 자국의 유명한 건축물 묘사하는 글 쓰기

1. 생활 속의 예술

어휘

✿ 알맞은 말을 골라 문장을 완성해 보세요.

내면을 들여다보다	마음이 정화되다	매개체가 되다
실생활에 응용하다	작품을 감상하다	치료에 활용하다

1. 서울백화점에서는 명화로 디자인한 컵을 팔고 있다. 명화 디자인이 들어간 우산이나 시계도 인기를 끌고 있다. 이처럼 최근에는 예술 작품을 ________________ 예를 쉽게 찾아볼 수 있다.

* **관람료:** 연극이나 전시를 보기 위해 내는 돈.

2. 예술 작품은 전시장에서 비싼 관람료*를 내야 볼 수 있다고 생각하는 사람이 많다. 그러나 지하철역 안에 있는 메트로 미술관에서는 누구나 무료로 ________________ 수 있다.

3. 인터넷이나 통신 수단이 발달하지 않았던 시절에는 손으로 쓴 편지가 연인들의 사랑을 전달하는 ________________지만 요즘은 휴대폰이나 이메일이 그 역할을 대신하고 있다.

4. 플라시보를 우울증 환자의 ________________(으)면 약을 쓰지 않아도 증상이 좋아지는 효과를 볼 수 있다.

5. 현대인은 바쁘고 복잡한 생활 때문에 쉽게 스트레스를 받는다. 가끔씩 여유를 갖고 아름다운 경치를 보면 복잡했던 ________________ 스트레스가 풀릴 것이다.

6. 가끔은 스스로가 무슨 생각을 하고 있는지 어떤 감정을 느끼고 있는지 모를 때가 있다. 이럴 때 자신의 ________________기 위해서 전문가와 상담하거나 심리 치료를 받는 것이 도움이 된다.

어휘 2

❀ 밑줄 친 표현의 의미를 설명해 보세요.

예술의 순수성을 강조하는 사람들은 예술의 감상적 목적을 중시한다.

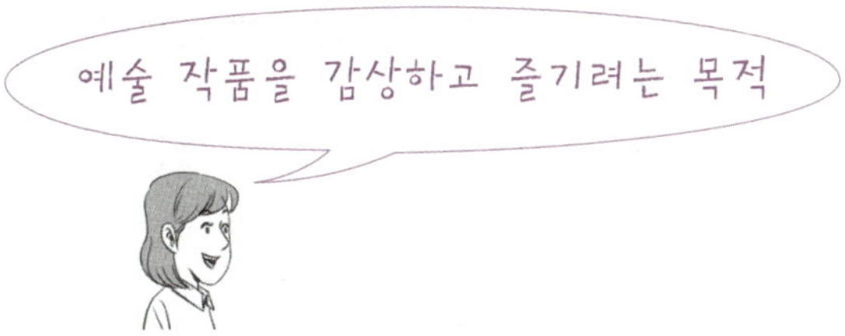

1. 그 만화가는 학벌을 중시하는 한국 사회를 비판하는 내용의 만화를 자신의 블로그에 연재했다.

2. 스트레스가 너무 심할 때 가볍게 운동을 하거나 비타민이 풍부한 음식을 먹으면 스트레스를 해소하는 데 도움이 된다.

3. 그 디자이너는 지갑이나 넥타이 등에 한글을 접목시켜 새로운 제품을 만들어 냈다는 평가를 받고 있다.

* 접촉: 가까이 닿음.

* 숙면: 잠을 깊이 잠.

4. 엄마와 아이의 신체 접촉*에 대한 최근 연구에 따르면 어릴 때 엄마가 자주 안아 준 아이는 정서적 안정을 느껴 숙면*을 취하고 몸무게도 빨리 는다고 한다.

5. 예술 작품은 특별한 재료로 만들어진다고 생각하는 사람이 많지만 주변에서 흔히 볼 수 있는 빈 병도 작가의 미적 상상력이 결합되면 아름다운 예술 작품이 될 수 있다.

6. 유행의 변화에 민감하거나 물건의 디자인을 중시하는 사람들도 있지만 나는 물건을 고를 때 유행하거나 아름다운 것보다는 실용성이 있는 것을 더 선호하는 편이다.

어휘 3

다음 그림을 보고 예술의 어떤 기능을 강조하고 있는지 써 보세요.

사회를 비판하다	매개체가 되다	실용성이 있다
작품을 감상하다	내면을 들여다보다	실생활에 응용하다

1.

저는 그림을 통해 사람들이 어떤 생각을 하고 있는지 알 수 있다고 생각해요. 사람들이 그린 그림을 보면 그 사람의 내면을 들여다볼 수 있어서 치료에 활용할 수 있어요.

2.

선 미술관에서만 그림을 감상하는 것은 의미가 없다고 생각해요. ______________________________.

3.

저는 음악이 순수한 예술로서 감상적 목적으로 존재해야 한다고 생각합니다. ______________________________.

4.

저는 예술을 통해 자신의 의견을 표현할 수 있다고 생각합니다. ______________________________.

어휘 4

생활 속에서 예술이 어떻게 이용되고 있는지 써 보세요.

1. 감상적 목적 생활 속에서 예술이 감상적 목적으로 이용되는 예는 ______________________________.

2. 실용적 목적 생활 속에서 예술이 실용적 목적으로 이용되는 예는 ______________________________.

문법과 표현 1

V-고서는

A 친구의 고민에 대해 조언을 해 보세요.

1. 

다음 주에 우리 반 대표로 탁구 시합에 나가기로 했는데 연습하기가 싫어요. 어쩌면 좋을까요?

반 대표니까 책임감을 가지고 연습해 보세요. 연습을 하지 않고서는 시합에서 이길 수 없어요. 조금씩이라도 시간을 내서 연습해 보세요.

2. 

친한 친구와 일주일 전에 심하게 싸웠는데 아직 말을 하지 않고 있어요. 그 친구와 다시 친하게 지내고 싶은데 어쩌면 좋을까요?

______________________________.

3. 

저는 한국에 와서 한국어를 배우고 있는데 사람들과 만나 이야기할 때 말실수를 할까 봐 너무 두려워요. 어쩌면 좋을까요?

______________________________.

4. 

다이어트를 해야 하는데 음식 양을 줄이지 못하겠어요. 음식만 보면 다 먹고 싶어지거든요. 어쩌면 좋을까요?

______________________________.

B '-고서는'을 넣어 글을 완성해 보세요.

외국인 학생들이 한국 사회와 한국 문화를 이해하는 데에 도움을 주는 방법을 몇 가지 소개하면 다음과 같다. 우선 일주일에 두 번씩 한국어로 된 신문을 사서 중요한 기사를 읽는 것이다. 왜냐하면 한국에 살고 있어도 신문을 1.______________ 한국 사회를 제대로 알 수 없기 때문이다. 그리고 주말에는 한국 친구와 만나 신문에서 읽은 주제에 대해 이야기해 보는 것이다. 외국인은 한국 사회와 문화에 대한 배경지식이 아무래도 부족하기 때문에 한국 사람과 2.______________ 그 기사에 대해 완전히 이해할 수 없다. 또한 주말이나 방학과 같이 시간적인 여유가 있을 때마다 서울과 지방의 유명한 장소를 직접 찾아가 보는 것이다. 책만 보고 직접 3.______________ 한국에 대해 잘 안다고 말할 수 없기 때문이다.

문법과 표현 2

V-게끔

A 다음과 같이 대화를 완성해 보세요.

사회자 : 이번에 지진이 났던 곳에 직접 가셔서 봉사 활동을 하셨는데요. 봉사 활동을 하시면서 무엇을 느끼셨습니까?

출연자 : 네, 지진 피해를 입은 주민들을 직접 만나 이야기해 보면서 그들이 시련을 이겨 내고 다시 일어나게끔 따뜻한 격려를 해 주는 일이 중요하다는 것을 알게 되었습니다.

1.

기자 : 이번 시합에서 우리 축구 대표팀이 멋지게 승리를 거두었는데요. 어떤 전략을 사용하셨습니까?

축구 감독 : 네, 이번 경기는 환경이 매우 다른 나라에서 뛰어야 했기 때문에 더운 날씨에 적응하는 것이 매우 중요하다고 생각했습니다. 그래서 이번에는 ______________________ 끊임없이 훈련을 했습니다.

2.

앵커 : 김미영 기자, 지금 남해안에 비가 많이 오고 바람도 심하게 분다면서요?

기자 : 네, 본격적인 장마철이 시작되었습니다. 특히 남부 지방은 태풍의 영향권에 들게 되므로 피해가 예상됩니다. ______________________ 대비하시기 바랍니다.

3.

사회자 : 요즘 감성 마케팅이라는 말이 많이 쓰이는데 무엇을 의미하는 것입니까?

전문가 : 네, 이성보다는 감성을 강조하는 마케팅 전략인데요. 단순히 상품의 질을 강조하는 것이 아니라 소비자들에게 좋은 이미지를 남기거나 감동을 주어서 상품을 ________________ ________________ 하는 방식으로 이루어집니다.

B 다음과 같이 문장을 완성해 보세요.

> 어릴 적에 나는 할머니와 함께 살았는데, 할머니께서는 내가 배나 머리가 아플 때 손으로 따뜻하게 문질러서 아픈 곳이 낫게끔 해 주셨다. 그래서 우리는 할머니의 손을 약손이라 불렀다.

1. 요즘에는 예술을 치료에 활용해 환자들의 병을 ________ 하는 예술 치료가 많이 이루어지고 있다. 음악 치료, 미술 치료, 연극 치료 등이 그 대표적인 예이다.

2. 바쁜 현대인들에게 반 조리 식품이 인기를 끌고 있다. 이 반 조리 식품은 간단하게 끓이기만 하면 ________________ 양념과 재료가 모두 들어 있다.

3. 서울시에서는 환경을 보호하고 쓰레기를 줄이기 위해 여러 정책을 실시하고 있다. 우선 일반 쓰레기와 음식물 쓰레기를 따로 분리해서 ________________ 쓰레기봉투 색깔을 달리 하고 있다.

4. 이 만화 영화는 어린이들과 어른들 모두에게 인기가 아주 높았다. 그 이유를 분석해 보니, 어린이들에게는 귀여운 캐릭터가 재미를 ________ 했고 어른들에게는 애니메이션의 내용이 흥미를 ________ 했기 때문이었다.

5. 사상 의학에서는 체질에 따라 몸에 좋은 음식이 다르므로 체질에 맞게 음식을 ________________ 한다. 예를 들어 소양인에게는 돼지고기가 좋고 태양인에게는 붕어찜이 좋으며 태음인에게는 소고기 육개장, 소음인에게는 삼계탕이 좋다고 한다.

읽고 쓰기

❁ 다음 기사를 읽고 질문에 답해 보세요.

* **동피랑:** 통영에 있는 마을 이름.

* **통영:** 경상남도에 위치한 도시.

* **강구안:** 통영시의 지역 이름.

(…) 동피랑* 마을은 주택가 전체가 통영*을 상징하는 알록달록한 아름다운 벽화로 색칠되어 있다. 동피랑 언덕에서 내려다보이는 통영 앞바다는 '한국의 나폴리'다. 무명 화가들의 작품인 동피랑 언덕은 '한국의 몽마르트 언덕'이다.

◆ 최초의 벽화마을 – '동피랑'

'동피랑'이라는 말은 '동쪽 끝에 있는 높은 벼랑'이라는 뜻의 토박이말이다. 통영시 중심가에서 강구안* 언덕배기 오르막길을 오르면 동피랑을 만난다. 한 사람이 겨우 지날 수 있는 좁은 골목길을 따라가면 마을 전체가 형형색색으로 채색되어 아기자기하다. 마치 동화 속 마을 같다. 동피랑 언덕 끝에서 한눈에 내려다보이는 통영 앞바다는 마치 한 폭의 그림 같다.

◆ 동피랑의 역사

통영 중앙시장 뒤쪽 산비탈 작은 마을 동피랑은 통영항구 서민들의 오랜 삶터다. 50여 가구가 옹기종기 모여 사는 전형적인 어촌 마을이다. 동피랑에는 사람들의 시선을 끌 만한 특별한 관광 자원이 없다. 하지만 요즘은 전국에서 수많은 관광객이 방문한다. 동피랑에 들어서면 담벼락마다 그려진 형형색색의 벽화가 아기자기한 매력을 발산하며 사람들의 시선을 사로잡는다.

동피랑 마을은 지난 2007년 재개발 대상이었다. 하지만 '푸른 통영 21'이라는 시민단체가 '동피랑 색칠하기' 전국벽화공모전을 열면서 상황이 바뀌었다. 전국에서 미술학도들이 찾아와 골목 곳곳에 아름다운 그림을 그려 넣었다. 철거 대상이었던 달동네가 바다를 품은 멋진 벽화 마을로 새로 태어났다. 벽화를 보려는 사람들이 전국에서 찾아오기 시작했다.

통영 시민은 "동피랑 마을을 철거하기보다는 지역의 역사와 서민들의 삶이 녹아 있는 독특한 골목 문화로 재조명해 보자."고 의견을 모았다. 2007년 7월, 사업명은 '도시 재생의 색다른 시선, 통영의 망루 동피랑의 재발견'이었다. 공공 미술을 통한 통영의 명물로 재구성하기로 추진했다. 주제는 '동피랑 블루스'. 서민의 삶과 애환, 자유로운 희망을 춤의 선율로 표현했다. 1차 벽보 전에 19개 팀이 참여했다. 2차 때는 42개 팀으로 늘어났다. 마침내 통영시는 마을 철거 방침을 바꿨다. 벽화가 마을을 살려낸 것이다. (…)

매일신문(2011. 8. 18.)

1. 동피랑 마을은 어디에 위치해 있습니까?

2. 현재의 동피랑 마을에 대한 설명으로 바르지 않은 것을 고르세요.

① 마을 주택가 전체에 아름다운 벽화가 그려져 있다.

② '한국의 몽마르트 언덕'으로 불릴 만큼 아름다운 동네가 되었다.

③ 처음에는 동네 어르신들과 자원봉사자가 나서서 벽화를 그렸다.

④ 벽화가 그려진 이후에 동네가 철거되지 않고 지역 명물이 되었다.

3. 과거의 동피랑 마을은 어떤 마을이었습니까?

① 비교적 큰 어촌 마을이었다.

② 옛날부터 많은 미술가를 키워 냈다.

③ 관광 자원이 많아 매년 많은 사람들이 방문했다.

④ 벽화가 그려지기 전에는 철거 위기에 놓여 있었다.

4. 여러분도 그림, 음악 등이 마을이나 사회를 변화시킨 이야기를 알고 있습니까? 메모하고 글을 써 보세요.

예) 프랑스 오르세 미술관	프랑스 파리 센강 근처에 위치한 유명한 미술관으로 빈센트 반 고흐, 폴 고갱을 비롯한 19세기 인상파 작품을 많이 소장하고 있음. 원래 철도역이자 호텔이었음. 1939년에 철도역 기능이 중단된 후 철거하자는 주장이 있었음. 1970년대부터 프랑스 정부가 19세기를 중심으로 하는 미술관으로 만들어 1986년에 개관한 후 파리뿐만 아니라 세계의 명소로 알려지게 됨.

2. 건축물의 미학

어휘 1

서로 관계있는 것끼리 연결해 보세요.

1. 길쭉하다
2. 압도되다
3. 완벽하다
4. 정교하다
5. 화려하다
6. 소박하다
7. 독특하다

- 이 시계는 작은 부품까지 정밀하게 만들었어요.
- 민수 씨 얼굴은 오이처럼 길게 생겼어요.
- 과장님은 언제나 실수가 없고 꼼꼼해요.
- 내 동생은 남들과 다른 머리 모양을 하고 특이한 옷을 즐겨 입어요.
- 나나는 평소에 화장을 즐겨하지 않고 청바지에 티셔츠를 입는 것을 좋아해요.
- 새로 지은 건물은 아주 크고 높아서 두려움마저 느끼게 해요.
- 영수는 빨강, 파랑, 노랑과 같은 밝은 색깔의 옷과 액세서리를 좋아해요.

어휘 2

밑줄 친 표현의 의미를 설명해 보세요.

1. 

그 가수의 신곡은 애절한 목소리와 슬픈 느낌의 멜로디로 이루어진 곡이다. 신곡을 들은 대중들은 그 가수의 고음에 모두 소름이 돋고 전율을 느꼈다고 말했다.

➜ 몸의 떨림을 느끼다.

2. 

겨울철 북극에 생기는 오로라는 붉은색과 초록색, 노란색의 커튼을 하늘에 펼쳐 놓은 것 같이 아름답다. 마치 우주의 리듬에 맞추어 춤을 추는 것 같이 신비로운 분위기를 만들어 낸다.

3. 

제주도는 동굴과 폭포로 유명하며 많은 볼거리를 제공한다. 특히 폭포수가 바다로 직접 떨어지는 정방폭포는 자연에 대한 경외감을 불러일으키기에 충분하다.

4. 

통영은 경상도 남쪽에 위치한 섬이다. 통영은 여러 섬들과 푸른 바다가 어우러져 조화를 이루고 있다. 아름다운 그 모습을 본 사람들은 통영을 '한국의 나폴리'라고 부른다.

5. 

국립현대미술관은 국내외 유명 작가들의 미술 작품을 많이 소장하고 있다. 다양한 그림과 아름답고 조형미가 뛰어난 조각품들을 많이 소장하고 있다.

6. 

대통령 후보인 김영수 씨는 텔레비전 토론회에 나와서 시민들에게 강렬한 인상을 남겼다. 그 토론회를 본 시민들은 김영수 씨의 논리적인 말솜씨에 매력을 느꼈다.

어휘 3

사진을 보고 건물을 묘사해 보세요.

압도되다	웅장하다	독특하다	화려하다
강렬한 인상을 남기다		직선 / 곡선	길쭉하다
원형 / 반원형 / 정사각형 / 직사각형 / 삼각형			대칭을 이루다

1. 

이 건물은 길쭉한 직사각형으로 되어 있는 독특한 건축물이다. 그 건물을 보면 압도될 만큼 웅장한 느낌이 든다.

2. 

이 경기장은 ______________________________.

3. 

이 피라미드는 ______________________________.

4. 

이 창문은 ______________________________.

5. 

이 건물들은 ______________________________.

어휘 4

_____에 들어갈 말을 골라 넣으세요.

풍경화 　 건축물 　 섬세하다 　 대칭을 이루다

소백산 기슭에 자리를 잡은 부석사는 한국의 목조 1.__________ 중에서 가장 아름답고 오래된 건물이다. 정교하면서도 2.__________ 조각된 돌계단과 완벽하게 3.__________ 건물은 사람의 솜씨가 아닌 신의 솜씨로 보인다. 인공 건축물인 부석사는 자연 속에서도 그 인공미가 드러나지 않아 마치 한 폭의 4.__________을/를 보는 것과 같다. 오히려 부석사가 자연의 아름다움을 한층 더 빛내 주고 부처님의 믿음을 더욱 숭엄한 아름다움으로 이끌어 준다고 해야 할 것이다.

문법과 표현 1

A-(으)면서(도)

A 다음과 같이 대화를 완성해 보세요.

시험 합격했다면서? 정말 축하해.

고마워. 날아갈 듯이 기쁘면서도 이게 꿈은 아닐까 걱정이 되기도 해.

1. 10년 만에 첫사랑을 만났다면서? 기분이 어땠어?

   글쎄, 세월이 많이 흘러서 그런지 __________________ 서먹서먹하더라.

2. 내일이 첫 출근이라고 했지? 어젯밤에 잘 잤어?

   새로운 일을 시작한다는 생각에 __________________ 실수하지는 않을까 걱정이 돼서 잘 못 잤어.

3. 이제 드디어 졸업이구나. 시간 정말 빠르다.

   그동안 공부하느라 고생한 걸 생각하면 __________________ 학교를 떠난다고 생각하니 아쉽네.

4. 최근 우리 한복을 찾는 외국인들이 늘고 있는데요. 이렇게 한복이 인기가 있는 이유가 뭐라고 생각하십니까?

한복은 색이 ________________ 선이 아름다워 외국인들의 사랑을 받는 것으로 생각됩니다.

B '-(으)면서도'를 넣어 글을 완성해 보세요.

정교하다	복잡하다	독특하다	시원하다	웅장하다

20XX년 4월 22일(토)

오후에 나나 씨와 함께 인사동에 다녀왔다. 인사동 길은 많은 관광객들로 1.__________ 활기를 띠었다. 길 양쪽으로 가게들이 늘어서 있었다. 파는 물건은 여러 가지였는데 그중 한 가게에서 목걸이와 반지 같은 장신구를 팔았다. 은으로 만든 것이 대부분이었는데 하나같이 모두 2.__________ 아름다운 것들이었다.

점심으로 바지락 칼국수를 먹었다. 바지락을 많이 넣어서 그런지 3.__________ 담백한 국물 맛이 일품이었다. 점심을 먹고 나서 계속 여기저기 구경을 했다.

재미있는 곳이 많았지만 특히 내 눈길을 끄는 곳은 쌈지길이었다. 쌈지길은 1층부터 4층까지 하나의 길로 연결된 건물이다. 인사동은 전통적인 건물만 있을 거라고 생각했었는데 이런 건물도 있다니 4.__________ 현대적인 모습이 무척 인상적이었다. 가운데에는 마당이 있는데 이곳에서는 전시회가 열리거나 공연을 한다고 한다.

인사동은 전통과 현대가 조화를 이룬 곳이라는 생각이 들었다. 앞으로 공부만 하지 말고 한국의 여러 곳을 다녀 봐야겠다고 생각했다.

문법과 표현 2

A-기(가) 이를 데 없다

A 다음과 같이 문장을 완성해 보세요.

> 새로 지은 미술관은 디자인이 새롭고 지금까지 볼 수 없었던 독특한 멋이 느껴진다.
>
> ➡ 새로 지은 미술관의 디자인은 독특하기 이를 데 없다.

*식상하다: 같은 음식이나 사물이 반복되어 싫증이 나다.

1. 이번에 새로 시작한 드라마는 이전 드라마에서 자주 다뤘던 평범한 여자와 재벌 남자의 사랑을 내용으로 하고 있어서 시청자들에게 식상하다는* 평가를 받고 있다.

   ➡ 이번에 새로 시작한 드라마는 ______________________.

2. 장마가 끝나서 그동안 미뤄 두었던 빨래를 했다. 오랜만에 깨끗하게 세탁한 옷을 입으니 기분이 상쾌하다.

   ➡ 깨끗한 옷을 입으니 ______________________.

3. 엘리베이터가 고장 났다. 우리 집은 10층이라서 외출할 때마다 1층부터 10층까지 걸어 다니고 있다. 다리가 아프고 불편한데 엘리베이터를 고치는 데 일주일이나 걸린다고 한다.

   ➡ 엘리베이터가 고장 나서 ______________________.

4. 처음 한국에 왔을 때 아는 사람도 없고 한국말도 잘 못해서 답답하고 고향에 돌아가고만 싶었다. 그렇지만 지금은 한국 생활에 익숙해졌다.

   ➡ 처음 한국에 왔을 때는 ______________________.

5. 아침에 너무 정신없이 나오느라 구두를 짝짝이로 신었다. 지하철에서 모두 내 발만 쳐다보는 것 같아서 고개를 들 수 없었다.

   ➡ 신발을 잘못 신고 나와서 ______________________.

6. 새로 스마트폰을 장만했는데 사자마자 실수로 변기에 빠뜨렸다. 수리비가 30만 원이나 든다고 해서 정말 속상했다.

   ➡ 새로 산 스마트폰이 고장 나서 ______________________.

B 다음과 같이 알맞은 댓글을 써 보세요.

김연아, 사상 최초 피겨 스케이팅 금메달 획득

➜ Re : 김연아의 팬으로서 자랑스럽기 이를 데 없습니다. 앞으로도 열심히 해서 다음 올림픽에서도 금메달을 땄으면 좋겠네요.

1. 수술비 100만 원 없어 세 살 어린이 사망
   병원에서 수술 거부해 수술 시기 놓쳐

   ➜ Re : ______________________. 돈보다 사람의 생명이 더 중요한 것 아닙니까? 정말 이해할 수가 없네요.

2. 시청률 50% 국민 드라마 오늘 종영
   시청자들 연장* 요구하며 아쉬워 해

   ➜ Re : 내가 자주 보던 드라마가 끝나다니 ______________________. 2회만 더 연장했으면 좋았을 텐데……. 앞으로 무슨 재미로 살죠?

* **연장:** 시간이나 길이를 원래보다 길게 함.

3. CCTV 당신을 지켜보고 있다
   출근길에만 100번 넘게 찍혀

   ➜ Re : 내 생활을 누군가 지켜보고 있는 것 같아서 ______________________. 꼭 필요한 곳이 아니라면 사생활 보호를 위해 CCTV를 설치하지 말아야 합니다.

4. 경복궁 복원 작업 이번 달 마무리
   섬세하고 정교한 작업으로 벽 하나 세우는 데 3년 걸려

   ➜ Re : 드디어 공사가 끝나서 ______________________. 어떻게 달라졌는지 이번 주말에 가 봐야겠어요.

5. 학교 앞 노점상 할머니, 장학금 3억 기부
   단칸방에서 하루 두 끼만 먹고 생활

   ➜ Re : 할머니 생활도 힘드실 텐데 ______________________. 저도 조금이라도 모아서 어려운 이웃을 도와줘야겠어요.

읽고 쓰기

다음 설명문을 읽고 질문에 답해 보세요.

국보 49호 수덕사 대웅전

수덕사 대웅전은 앞면 3칸, 옆면 4칸, ⓐ간결함과 단순함의 미학이 극명하게 드러나는 건축물이다.

우선 맞배지붕을 보자. 맞배지붕은 지붕이 건축물의 좌우에는 없고 앞뒤로만 맞붙어 있는 형태의 지붕을 말한다. 맞배지붕은 한국 기와 건물의 지붕 가운데 가장 단순하다.

다음은 대웅전의 정면. 지붕은 간결하면서 다소 육중하고 무거워 보인다. 하지만 잘 들여다보면 간결함과 장중함이 느껴질 것이다. 묵직함과 간결함이 만들어 내는 안정감이다. 중간을 약간 배불리 나오게 만든 배흘림기둥은 이 묵직한 지붕을 튼실하게 받쳐 준다. 둔탁함 속으로 ⓑ세련된 아름다움이 묻어난다.

대웅전의 옆면. 대웅전의 매력과 미학은 옆면에서 절정을 이룬다. 옆에서 볼 때 지붕은 약간의 곡선을 그리며 사람 인(人)자 모양을 하고 있다. 지붕은 옆면에서 보아도 역시 육중하고 견고하다. 지붕 밑으로는 수평 부재(部材)인 보가 가로놓여 있다. 그리고 지붕과 보가 연결되는 지점에 지붕의 하중을 전달하기 위한 다양한 부재가 ⓒ단아하게 짜 맞춰져 있다. 이들은 한결같이 장식을 배제하고 있다. 간결 명료하다는 말이다.

기둥과 보의 나무 부재들은 가로 세로로 놓이면서 대웅전 옆쪽 벽면의 공간을 멋지게 분할한다. 단순한 듯하지만 절묘한 기하학적 구성이다. 크고 작은 사각형 공간 사이사이로 곡선이 가미된 사다리꼴 공간이 변화와 생동감을 연출한다. 원형과 직각의 나무 부재 역시 ⓓ서로 멋진 조화를 이룬다. 이에 힘입어 대웅전 옆면 전체엔 조용하지만 경쾌한 리듬감이 넘쳐난다. 그 위로 기와지붕의 완만하고 부드러운 곡선이 전체를 감싸고 있다.

기하학적 구성과 경쾌한 리듬감, 그리고 견실한 힘. 선(禪)의 사찰 수덕사에 걸맞게 침묵하면서도 심오한 깊이를 전해 주는 대웅전이다. 이것이 바로 대웅전의 진정한 미학일 것이다.

〈이광표, 국보이야기, 2005〉

1. 수덕사 대웅전은 어떤 아름다움이 드러나는 건축물입니까?

2. 다음 중 뜻이 잘못된 것을 고르세요.

① ⓐ 간단하고 깔끔함

② ⓑ 꾸밈없이 수수한

③ ⓒ 단정하고 아담하게

④ ⓓ 서로 잘 어울린다

3. 다음 중 대웅전 지붕에 대한 묘사로 바르지 않은 것을 고르세요.

① 안정감을 준다.

② 간결하면서도 육중하다.

③ 세련된 아름다움이 묻어난다.

④ 옆에서 보면 사람 인(人)자 모양이다.

4. 여러분 나라에서 유명한 건축물은 무엇입니까? 그 건축물의 외양과 인상을 메모하고 글을 써 보세요.

건축물	
외양	
인상	

복습 3

어휘

1. 정리하기

다음에서 알고 있는 어휘에 √ 해 보세요.

5-1.

- [ ] 비난을 받다
- [ ] 목표를 달성하다
- [ ] 반응이 회의적이다
- [ ] 혼란을 가져오다 / 초래하다
- [ ] 발전에 장애가 되다
- [ ] 호응을 얻다
- [ ] 반대를 무릅쓰다
- [ ] 실패로 끝나다
- [ ] 거세게 반발하다
- [ ] 사회에 공헌하다
- [ ] 환영을 받다
- [ ] 긍정적인 평가를 받다
- [ ] 큰 성과를 내다
- [ ] 발전에 기여하다
- [ ] 노력이 물거품이 되다 / 수포로 돌아가다

5-2.

- [ ] 자수성가하다
- [ ] 고통을 감수하다
- [ ] 꿈을 이루다
- [ ] 명성을 떨치다
- [ ] 목표를 이루다
- [ ] 삶을 개척하다
- [ ] 시련 / 어려움을 극복하다
- [ ] 시련에 부딪치다
- [ ] 악조건을 이겨 내다
- [ ] 열정을 쏟다 / 기울이다
- [ ] 인정(을) 받다
- [ ] 일생을 바치다
- [ ] 최선을 다하다
- [ ] 혼신의 힘을 다하다
- [ ] 목표를 향해 나아가다 / 전진하다

6-1.

- [ ] 감상적 목적
- [ ] 미적 상상력
- [ ] 정서적 안정
- [ ] 접목시키다
- [ ] 창의적이다
- [ ] 마음이 정화되다
- [ ] 매개체가 되다
- [ ] 실용성이 있다
- [ ] 실생활에 응용하다
- [ ] 치료에 활용하다
- [ ] 내면을 들여다보다
- [ ] 동질감을 느끼다
- [ ] 사회를 비판하다
- [ ] 스트레스를 해소하다
- [ ] 작품을 감상하다

6-2.

- [ ] 건축물
- [ ] 직선 / 곡선
- [ ] 원형 / 반원형 / 정사각형 / 직사각형 / 삼각형
- [ ] 정육면체 / 직육면체
- [ ] 간결하다
- [ ] 단아하다
- [ ] 독특하다
- [ ] 길쭉하다 / 동그랗다 / 네모나다
- [ ] 섬세하다
- [ ] 아늑하다
- [ ] 압도되다
- [ ] 완벽하다
- [ ] 웅장하다
- [ ] 정교하다
- [ ] 화려하다 / 소박하다
- [ ] 대칭을 이루다
- [ ] 전율을 느끼다
- [ ] 조화를 이루다
- [ ] 분위기가 신비롭다
- [ ] 조형미가 뛰어나다
- [ ] 강렬한 인상을 남기다
- [ ] 경외감을 불러일으키다

2. 평가하기

[1-4] 다음 (   )에 알맞은 것을 고르세요.

1. 현재 도심 속 휴식처로 이용되는 청계천의 복원 공사에 대해 처음에 시민들은 거세게 반발했다. 이와 같이 새로운 시도가 늘 (   ) 것은 아니다.
   ① 일생을 바치는 ② 경외감을 불러일으키는
   ③ 발전에 장애가 되는 ④ 긍정적인 평가를 받는

2. 장윤주는 키가 171cm로 모델로서는 작은 편이었다. 그러나 이러한 약점을 극복하고 어렸을 때부터 (   ) 위해 열심히 노력해 결국 세계적인 모델이 될 수 있었다.
   ① 꿈을 이루기 ② 일생을 바치기 ③ 물거품이 되기 ④ 시련에 부딪치기

3. 법정 스님의 글 〈무소유〉를 읽으면 물질적 소유욕에 사로잡힌 우리의 모습을 반성하게 된다. 단지 그 책을 읽기만 해도 (   ) 것 같다.
   ① 접목시키는 ② 사회를 비판하는 ③ 마음이 정화되는 ④ 스트레스를 해소하는

4. 캐나다 여행에서 가장 기억에 남는 것은 나이아가라 폭포였다. 거대한 폭포를 보자 나도 모르게 (   ) 느낌을 받았다.
   ① 아늑한 ② 입도되는 ③ 대칭을 이루는 ④ 조형미가 뛰어난

[5-8] 다음 밑줄 친 부분과 바꿔 쓸 수 있는 말을 고르세요.

5. 뮤지컬 오디션을 보기 위해 몇 달 동안 준비를 했다. 그러나 오디션 전날 감기에 걸려서 목소리가 제대로 나오지 않아 지금까지의 모든 노력이 <u>쓸모가 없게 되어 버렸다</u>.
   ① 비난을 받았다 ② 꿈을 이루게 되었다
   ③ 장애가 되어 버렸다 ④ 물거품이 되어 버렸다

6. 우리 아버지는 가난한 농부의 막내아들로 태어났다. 가난했기 때문에 제대로 교육도 받지 못했지만 <u>누구의 도움 없이도 혼자 힘으로 성공한</u> 분이다.
   ① 자수성가한 ② 최선을 다한 ③ 일생을 바친 ④ 고통을 감수한

7. 태보(Taebo)는 미국에서 개발된 운동으로 다이어트에 효과적이라고 알려져 있다. 이 운동은 태권도에 복싱의 장점을 결합시킨 운동이다.

① 제시한 ② 접목시킨 ③ 매개체가 된 ④ 치료에 활용한

8. 지난 주말에 30여 명으로 구성된 웅장한 오케스트라 공연을 보고 너무 감동해서 온몸에 소름이 끼치는 듯한 떨림을 느꼈다.

① 전율을 느꼈다 ② 경외감을 느꼈다 ③ 단아함을 느꼈다 ④ 동질감을 느꼈다

[9–11] 다음 ( )에 공통적으로 들어갈 단어를 고르세요.

9.

영수는 이번 농구 경기에서 우리 팀이 이기는 데에 크게 ( ).
이 시스템은 기계의 에너지 효율을 높이는 데에 ( ) 바가 크다.
김대중 대통령은 남북 평화에 ( ) 것을 인정받아 노벨상을 받게 되었다.

① 장려하다 ② 달성하다 ③ 기여하다 ④ 봉사하다

10.

김 선생님은 민주화 운동에 몸과 마음을 ( ) 분이다.
그는 한국 전통차 연구에 평생을 ( ) 것이라고 말했다.
작가 김영희 씨는 신인상 수상 소감에서 부모님께 이 상을 ( )고 싶다고 했다.

① 다하다 ② 떨치다 ③ 바치다 ④ 이루다

11.

나는 수민이의 꾸미지 않은 ( ) 미소가 마음에 들었다.
이 작품은 한국의 향토적 정서를 ( ) 다루었다는 점에서 높이 평가받는다.
부모님은 은퇴 후 시골에서 살면서 텃밭을 가꾸며 ( ) 농촌 생활을 즐기셨다.

① 화려하다 ② 웅장하다 ③ 섬세하다 ④ 소박하다

[12-13] 다음 밑줄 친 부분이 어색한 것을 고르세요.

12. ① 어떤 일이든 절망적으로 생각하면 안되던 일도 잘 풀리게 된다.
② 많은 사람들이 교수의 정치 참여에 다소 회의적인 반응을 보였다.
③ 정서적 안정을 위해서는 방 벽지를 푸른색 계통으로 하는 것이 좋다.
④ 그 건축가는 주변 환경을 창의적으로 활용해 조화를 이루도록 건물을 설계했다.

13. ① 30년 동안 몸담았던 회사가 문을 닫게 되었다.
② 갑자기 전쟁이 터져서 가족과 헤어지게 되었다.
③ 고난 속에서도 이를 악물고 희망을 품고 어려움을 이겨 냈다.
④ 명절에 고향에 가니 어머니가 맛있는 음식을 주시면서 푸대접했다.

[14-15] 다음을 읽고 질문에 답해 보세요.

〈울지마 톤즈〉는 아프리카 수단 남쪽의 작은 마을, 톤즈에서 뜨거운 (　　㉠　　) 헌신하다가 죽음을 맞은 이태석 신부에 대한 영화이다. 마흔 여덟의 나이로 생을 마감한 이태석 신부는 톤즈 아이들의 아버지이자 의사였고 선생님이자 지휘자, 건축가였다. 자신이 가진 모든 것을 바치고 (　　㉡　　) 그들을 사랑했던 숭고한 삶이 스크린에 펼쳐진다.

14. ㉠에 알맞은 것을 고르세요.
① 인정을 받으며　　② 명성을 떨치며
③ 열정을 쏟으며　　④ 발전에 기여하며

15. ㉡에 알맞은 것을 고르세요.
① 자수성가해　　② 꿈을 이루어
③ 사회에 공헌해　　④ 혼신의 힘을 다해

문법과 표현

1. 정리하기

다음에서 알고 있는 문법과 표현에 √ 해 보세요.

5-1. □ 김 과장은 말만 많**다 뿐이지** 행동으로 실천하지는 않아요.
□ 직장 생활에서 대인 관계를 원만하게 유지하**기란** 그렇게 쉽지 않아요.

5-2. □ 현실이 어둡고 절망적**일지라도** 절대로 꿈을 포기해서는 안 된다.
□ 스스로 노력하지 않**는 한** 아무것도 저절로 이루어지는 것은 없다.

6-1. □ 제주도와 경주를 가 보지 않**고서는** 한국을 여행했다고 말할 수 없어요.
□ 교사는 아이들이 공부에 재미를 느끼**게끔** 흥미로운 수업을 해야 합니다.

6-2. □ 그 배우는 단아하**면서도** 세련된 옷을 입고 영화제에 참석했다.
□ 한옥은 곡선과 직선이 조화를 이루어 아름답**기 이를 데가 없다**.

2. 평가하기

[1-3] 다음 밑줄 친 부분과 바꾸었을 때 의미가 가장 비슷한 것을 고르세요.

1. 처음 만난 사람에게는 나이가 어릴지라도 일단 높임말을 사용하는 것이 좋다.

① 나이가 어려서
② 나이가 어린 양
③ 나이가 어리더라도
④ 나이가 어린 까닭에

2. 이번에 새로 건축된 박물관은 반원형의 흰색 건물로 외관은 푸른 바다와 조화를 이루게끔 설계되어 있다.

① 조화로우면서
② 조화를 이루도록
③ 조화롭고서는
④ 조화를 이루려고

3. 주인공의 사랑이 이루어지지 않아 영화를 보는 내내 안타깝기 이를 데가 없었다.

① 안타깝기 일쑤이다
② 안타깝지만은 않았다
③ 안타깝다고 할 수 없다
④ 말할 수 없이 안타까웠다

[4-8] 다음 (   )에 알맞은 것을 고르세요.

4. 올해 서울 모터쇼에서는 많은 자동차 회사들이 연비가 좋고 친환경적인 하이브리드 자동차를 선보였다. 하이브리드 자동차는 (   ) 디자인도 아름다워 사람들의 시선을 끌었다.

① 성능으로 인해 ② 성능을 좋게끔
③ 성능도 좋으면서 ④ 성능은 고사하고

5. 공부는 얼마나 하느냐보다는 어떻게 하느냐가 중요합니다. 학습 방법이 효율적이면 적은 시간을 투자해서 좋은 성적을 얻을 수 있습니다. 학습 방법을 모르고 무작정 공부하면 책상에만 (   ) 실제로는 공부를 하지 않은 것이나 다름없습니다.

① 앉아 있는 한 ② 앉아 있기란
③ 앉아 있다 뿐이지 ④ 앉아 있으려고 들면

6. 새내기 직장인 여러분, 매달 월급을 받지만 손에 남는 건 별로 없다는 생각을 하십니까? 일을 하더라도 (   ) 그리 쉬운 일이 아닙니다. 그러니 명심하십시오. 세부적인 계획을 세워 지출하지 않으면 돈을 모을 수가 없습니다.

① 돈을 모으기란 ② 돈을 모으건 말건
③ 돈을 모을 바에는 ④ 돈을 모으려고 들면

7. 우리는 살면서 여러 가지 역경과 힘겨운 문제에 직면하게 된다. 그리고 때로는 이겨 낼 수 없을 것 같은 절망에 빠져서 울기도 한다. 그러나 아무리 큰 역경일지라도 (   ) 희망이 있다는 것을 잊어서는 안 된다.

① 삶을 포기하므로 ② 삶을 포기하지 않는 한
③ 삶을 포기한 끝에 ④ 삶을 포기하지 않으면서

8.

외국어를 잘하기 위해서는 언어는 물론 그 나라의 문화까지도 잘 알아야 한다. 문화를 (   ) 그 나라의 말을 잘할 수 없다. 한국의 음식 문화나 명절 문화를 모르면 '국물도 없다, 떡값을 받다'와 같은 언어 표현을 전혀 이해하지 못할 것이다.

① 모르다가 ② 모르고서는
③ 모르므로 ④ 모르기 일쑤이며

[9–10] 다음을 읽고 (   )에 알맞은 것을 고르세요.

오늘 소개해 드릴 관광지는 경주의 안압지입니다. 안압지는 원래 신라 시대에 귀빈들을 접대하던 장소였습니다. 현재 안압지에는 신라 궁궐이 복원되어 있고 호수와 정원이 있는데 연꽃이 핀 호수는 (㉠   ) 아름답습니다. 경주 안압지를 (㉡   ) 경주를 여행했다고 할 수 없습니다.

9. ㉠에 알맞은 것을 고르세요.

① 고풍스럽더라도 ② 고풍스럽지만
③ 고풍스러우면서도 ④ 고풍스러울 리가 없고

10. ㉡에 알맞은 것을 고르세요.

① 구경한 김에 ② 구경하면 몰라도
③ 구경하지 않고서는 ④ 구경하지 않을 바에야

읽기와 쓰기

1. 다음은 신문 기사의 제목입니다. 가장 잘 설명한 것을 고르세요.

음악 치료, 약물 없이 스트레스 완화에 효과적

① 스트레스를 줄이려면 음악을 들어야 한다.
② 스트레스 완화에 약보다는 음악 치료가 더 효과적이다.
③ 약과 음악을 동시에 사용했을 때 스트레스를 줄일 수 있다.
④ 약 대신 음악으로도 스트레스를 줄이는 효과를 볼 수 있다.

[2-3] 다음을 읽고 질문에 답해 보세요.

모바일 게임 업체인 노리넷 오대규 사장은 선천성 뇌성미비 3급 장애인이다. 대학 입학시험에서 4번이나 고배를 마신 뒤 서강대 경영학과에 수석으로 입학했고 수석으로 졸업했다. 졸업 후 수십 차례 회사에서 거절당한 후 천신만고 끝에 보험 회사에 입사했다. 입사 후 6개월 만에 영업 사원 최다 실적을 거둬 1억 원 이상의 배당금을 받았다. 특히 대학 재학 시절 증권사가 주관하는 주식 거래 대회에서 우승을 차지할 정도로 뛰어난 주식 투자 실력도 가지고 있었다. 이 같은 명성에 힘입어 그는 인터넷 신문에 1년 6개월 동안 칼럼을 기고하기도 했다.

이런 그가 모바일 게임 사업을 하게 된 것은 순전히 동생 때문이다. 어릴 때부터 가족들의 관심은 자신에게 쏠려 있었기 때문에 동생에게 해 줄 수 있는 것은 동생이 즐겨 하는 게임을 만들어 사업화해 주는 것뿐이라고 생각했다.

얼마 전 맞은 서른 번째 생일날 그는 직원들로부터 손수건을 선물로 받았다. 직원들이 하루에 2~3개의 손수건이 젖을 만큼 뛰어다니는 사장을 안타까워했기 때문이다. 모든 역경을 이겨 내고 자신의 삶을 개척해 온 오 사장은 이렇게 말한다.

(   ).

2. 오대규 사장에 대한 설명으로 맞는 것을 고르세요.

① 오대규 사장은 회사에 취직해 일한 경험이 없다.

② 오대규 사장은 대학 시절에 증권 투자 실력이 뛰어났다.

③ 오대규 사장은 장애인이라서 대학에 입학할 수가 없었다.

④ 오대규 사장은 동생의 도움으로 모바일 게임 회사를 세웠다.

3. (   )에 들어갈 내용으로 알맞은 것을 고르세요.

① 꿈은 별처럼 멀리 보여 잡을 수 없는 것이라고

② 계란으로 계속 치다 보면 결국 바위는 깨진다고

③ 천재에게는 99%의 영감과 1%의 노력이 필요하다고

④ 미치도록 노력해도 세상의 편견은 극복하지 못한다고

[4-6] 다음을 읽고 질문에 답해 보세요.

대나무의 고장인 전라도 담양에는 많은 사람들이 찾는 정원인 소쇄원이 있다. 소쇄원은 조선 시대의 선비 양산보(1503~1557)가 출세의 뜻을 버리고 고향으로 돌아와 지낸 곳으로 자연미와 인공미를 조화시킨 아름다운 정원이다. 소쇄원은 계곡을 중심으로 사다리꼴 모양으로 되어 있고 제월당, 광풍각, 애양단 등 10여 개의 건물로 이루어져 있다. 정원 내에는 대나무, 소나무, 느티나무, 단풍나무들로 된 숲이 우거져 있는데 특히 가을에 단풍이 들면 장관을 이룬다. 주위에는 흙과 돌로 쌓은 낮은 담이 있는데 '애양단', '오곡문'과 같은 글씨가 담에 적혀 있어 운치를 더해 준다.

소쇄원의 입구는 오밀조밀 미로처럼 꾸며져 있다. 울창한 대나무 숲길을 지나 좁다란 담을 따라 외나무다리를 건너면 비로소 입구에 들어설 수 있다. 가을이 되면 소쇄원 제월당은 단풍이 들어 울긋불긋한 한 폭의 그림 속에 숨어 있는 듯하다. 숲 속의 물소리를 들으며 작은 도랑을 건너면 제월당으로 들어서게 된다. 아늑한 곳에 위치한 제월당은 정자처럼 높게 지어졌으나 화려하지 않고 아담하면서도 소박한 모습이다.

4. 소쇄원에 대한 묘사로 바른 것을 고르세요.
① 정원 주변을 높은 담이 둘러싸고 있다.
② 숲 속에 반원형 모양으로 조성되어 있다.
③ 자연미와 인공미가 조화를 이루는 곳이다.
④ 건물이 거의 없이 웅장한 숲으로 이루어져 있다.

5. 이 글의 내용과 <u>다른</u> 것을 고르세요.
① 소쇄원은 조선 시대에 지어진 정원이다.
② 소쇄원의 작은 개울을 건너면 제월당으로 통한다.
③ 소쇄원은 흙과 돌로 된 건축물로 전라도 담양에 있다.
④ 소쇄원의 입구는 직선으로 뻗어 있어 비교적 찾기 쉽다.

6. 윗글과 같이 여러분도 인상 깊었던 여행지나 그 여행지에서 소개하고 싶은 건물이 있습니까? 이야기해 보세요.

7. 기억에 남는 여행지의 건물에 대해 묘사하는 글을 써 보세요.

지금까지 가장 기억에 남는 여행지를 꼽으라면 (   )을/를 들 수 있다.
그곳은 ____________________

____

____________________ 기회가 되면 그곳에 꼭 다시 한번 가 보고 싶다.

듣기와 말하기

1. 무엇에 대해 이야기하고 있는지 고르세요. track 8

① 국악과 가야금
② 연주단 소개와 평가
③ 퓨전 음악의 정의와 예시
④ 가야금과 퓨전 음악의 관련성

[2~3] 다음 대화를 듣고 질문에 답해 보세요. track 9

2. 남자의 태도로 맞는 것을 고르세요.
① 상대방의 의견에 대해 반박하고 있다.
② 상대방의 질문에 대해 상세히 설명하고 있다.
③ 상대방의 비판을 수용하는 입장을 취하고 있다.
④ 상대방의 주장에 대해 감정적으로 대응하고 있다.

3. 들은 내용과 일치하는 것을 고르세요.
① 미술 치료는 아동에게 특히 효과적이다.
② 연극 치료는 타인과의 상호 작용이 중요하지 않다.
③ 미술 치료와 연극 치료는 심리학과 관련되어 있다.
④ 연극 치료를 하면서 예상하지 못한 문제가 생길 수 있다.

[4~5] 다음 발표를 듣고 질문에 답해 보세요. track 10

4. 여자가 이 주제로 발표하게 된 이유는 무엇입니까?
① 노력이 성공을 보장해 주지는 않기 때문에
② 시련은 사람에게 겸손함을 알게 하기 때문에
③ 성공에 대한 욕망은 사람을 좌절하게 하기 때문에
④ 시련을 이겨 낸 사람만이 자신의 꿈을 이룰 수 있기 때문에

5. 들은 내용과 다른 것을 고르세요.

① 유재석은 한국의 유명한 개그맨이자 MC이다.

② 유재석은 대학 개그 경연 대회에서 입상하면서 데뷔했다.

③ 유재석은 방송에 처음 데뷔하자마자 사람들의 이목을 끌었다.

④ 유재석은 최고의 MC가 되고서도 늘 겸손하다는 평가를 받는다.

6. 여러분은 시련을 이겨 내고 자신의 꿈을 이룬 사람을 알고 있습니까? 이야기해 보세요.

주제 소개하기	• 제가 오늘 하고 싶은 이야기는 ~에 관한 거예요 • 저는 여러분께 ~에 대해 이야기해 드리려고 해요 • 제가 이 이야기를 하는 이유는 ~기 때문이에요
평가하기	• ~다는 점에서 의미가 있다 • ~다는 점에서 문제가 있다/되다 • ~다는 좋은/나쁜 평가를 받다

VII
사상과 이데올로기

1 한국인과 유교 사상

어휘 유교와 한국인의 사고방식

문법과 표현
- N더러
- N이/가 다 뭐예요?

읽기와 쓰기
- 나이에 대한 칼럼 읽기
- 한국인과 유교 문화에 대해 예시하는 글 쓰기

2 한국인과 이데올로기

어휘 냉전과 이데올로기

문법과 표현
- N은/는 고사하고
- (비록) A/V-(으)ㄹ망정

읽기와 쓰기
- 남북문제에 대한 칼럼 읽기
- 이데올로기에 대해 자신의 의견 주장하는 글 쓰기

1. 한국인과 유교 사상

어휘

알맞은 말을 골라 문장을 완성해 보세요.

학번	혈연관계	유교적 전통
말을 높이다	실례가 되다	권위적이다

1. 교사는 학생을 대할 때 지나치게 ____________면 안 된다. 왜냐하면 학생은 교사와의 관계가 원만하고 교사의 관심과 인정을 받고 있다고 느낄 때 더 큰 성취를 보이기 때문이다.

2. 윗사람을 대할 때 공손하고 예의 바르게 행동해야 하는 것은 ____________고 할 수 있다. 유교 사상에서는 윗사람과 아랫사람 사이에는 순서가 있고 아랫사람이 윗사람을 공경하는 것을 미덕*으로 삼고 있다.

* **미덕:** 본받을 만한 아름다움.

3. 한국어를 배우는 외국 학생들은 높임말을 많이 연습해서 친구에게도 ____________ 것이 습관이 되었다. 그래서 오히려 반말을 하는 것이 더 어렵다고 말한다.

4. 아주 친하지 않은 사람에게 한 달 월급이 얼마인지 혹은 체중이 얼마나 되는지 등을 묻는 것은 ____________ 질문이다. 이런 질문을 직접적으로 하면 상대방이 난감해한다.

5. 대학교에 입학하면 나이도 중요하지만 무엇보다도 ____________이/가 중시된다. 그래서 후배는 자신보다 나이가 어린 선배에게도 예의 바르게 행동해야 한다.

6. "피는 물보다 진하다."라는 말이 있다. 이것은 ____________이/가 얼마나 중요한지를 나타내 주는 말이라고 할 수 있다.

어휘 2

밑줄 친 표현의 의미를 설명해 보세요.

갓 결혼한 사람들은 '처남, 도련님' 등과 같은 호칭 때문에 어려움을 겪는 경우가 많다.

* 우대하다: 특별히 잘 대우하다.

1. 전통적으로 가부장적인 사회에서는 할아버지나 아버지가 모든 것을 결정했다. 이런 사회에서는 보통 남자를 우대했기* 때문에 여자들이 차별을 받는 경우가 적지 않았다.

2. 우리 아버지와 옆집 아저씨는 연배가 같으시다. 그래서 두 분이 만나시면 서로 공감할 수 있는 이야기를 재미있게 하신다.

3. 공무원 시험에서 나이가 많다는 이유로 취업할 기회조차 주지 않는 것은 차별이라는 의견이 제기되어서 결국 연령 제한이 폐지되었다.

4. 여성의 사회 진출이 활발해지면서 점점 결혼 적령기가 늦어지고 있다. 예전에는 결혼을 하기에 적절한 시기를 20대 후반으로 생각하는 경향이 많았지만 최근에는 30대로 옮겨 가고 있는 추세이다.

5. 지하철이나 버스에서 젊은 사람이 노인에게 자리를 양보하는 모습을 흔히 볼 수 있다. 이런 행동에는 나이가 많은 사람을 공경하는 유교 문화가 반영되어 있다고 할 수 있다.

6. 새로 이사 온 아파트에 동생 또래의 아이들이 많다. 동생은 놀이터에서 새로운 친구들을 많이 만나 같이 논다.

어휘 3

❁ 그림을 보고 써 보세요.

서열	호칭	연령 제한
위계질서를 중시하다	말을 높이다	유교 문화가 반영되다

1.

취업을 할 때 나이 때문에 회사에 지원할 수 없는 경우도 있다. 이러한 연령 제한은 취업을 준비하는 사람들이 겪는 어려움 중의 하나라고 할 수 있다.

2.

군대에서는 윗사람의 명령에 절대복종해야 한다. 왜냐하면 ______________________________.

3.

한국어에는 친척에 대한 어휘가 매우 많다. 예를 들어 영어의 'aunt'는 한국어로 고모, 이모, 숙모 등의 ______________________________.

4.

장남과 결혼하느냐 차남과 결혼하느냐에 따라 며느리들 사이에 순서가 정해진다. 예를 들어 둘째 아들과 결혼한 여자는 나이가 많더라도 ______________________________.

어휘 4

❁ ______에 들어갈 말을 골라 넣으세요.

동갑　　학번　　호칭　　말을 놓다　　말을 높이다

나는 우리 나라에서 고등학교를 졸업한 후 서울대학교 언어교육원에서 1년 동안 한국어를 배우고 서울대학교에 입학했다. 대학생이 된 첫날, 탁구 동아리에 들려고 동아리방에 갔더니 한 학생이 혼자 앉아 있었다. "저, 신입생인데요, 동아리에 가입하려고요.", "네, 선배님들 오실 때까지 잠깐 기다리세요. 그런데 저도 같은 1.__________인데 서로 말 편하게 하면 어떨까요?", "아, 그래? 그럼 그러지, 뭐." 이렇게 서로 2.__________ 우리는 대학 생활에 대해 이런저런 이야기를 나눴다.

잠시 후 한 선배가 동아리방에 들어왔다. "이번에 새로 들어온 신입생이구나. 편하게 형이라고 불러." 그런데 알고 보니 이 선배는 나하고 3.__________인 것이 아닌가. 나이가 같은데 형이라고 부르라니. 우리 나라에서는 한두 살 차이가 나더라도 다 같은 친구인데 한국의 4.__________은/는 참 어렵고 복잡한 것 같다.

문법과 표현 1

N더러

A 그림을 보고 문장을 완성해 보세요.

고등학교 동창을 10년 만에 만났는데 친구가 나더러 요즘 어떻게 지내느냐고 했어요.

1.

갑자기 비가 내리자 ______________________________

______________________________.

2.

막내 어머니

막내가 배고파서 급하게 먹으니까 ____________________

____________________.

3.

이모 사람들

우리 이모는 정말 예뻐서 밖에 나가면 ____________________

____________________.

4.

가나코 한국 사람

가나코 씨는 한국말을 정말 잘하지만 억양이 약간 어색해서

____________________.

5.

영호 미나

미나가 전화를 걸어서 ____________________

____________________.

B **'더러'를 넣어 시를 완성해 보세요.**

제목 : ____________________

바람은 나무더러
비바람을 견디며 살라 한다, 꿋꿋이.

나무는 새더러
가지에서 쉬어 가라 한다, 편안하게.

새는 ____________________
____________________.
____
____________________.

문법과 표현 2

N이/가 다 뭐예요?

A 다음과 같이 대화를 완성해 보세요.

> 한국에서 여행 많이 다녔어요?
>
> 여행이 다 뭐예요? 대학 생활이 여유가 있는 것 같아도 전공 공부 하느라 그럴 시간이 나지 않아요.

1. 어제 생일이었죠? 생일 파티 하고 즐겁게 보냈어요?

   ______________________? 독감에 걸려서 침대에 누워만 있었어요.

2. 요즘도 운동하러 잘 다니세요?

   ______________________? 농구하다 허리를 다쳐서 요즘 병원에 다니고 있어요.

3. 어제 소개팅했다면서? 네 이상형이었어?

   ______________________? 생각도 다르고 취미도 너무 달라서 차 한 잔만 마시고 빨리 헤어졌어.

4. 내일이 시험인데 주말에 공부 좀 했니?

   ______________________? 이사하느라 정신이 없어서 책이 어디에 있는지도 몰라.

5. 자동차 산다고 하더니 샀어? 어떤 차 샀어?

   ______________________? 회사 일이 너무 바빠서 보러 다닐 시간도 없었어.

B **다음과 같이 대화를 완성해 보세요.**

> 어제 본 영화 재미있으셨어요?
>
> 재미있는 게 다 뭐예요? 너무 끔찍한 장면이 많아서 보다가 중간에 나와 버렸어요.

1. 이번 시험이 좀 쉬웠지요?

   ______________________? 너무 어려워서 한 문제도 제대로 풀지 못했어요.

2. 휴일이라 지하철에 사람이 별로 없었지요?

   ______________________? 사람이 너무 많아서 하마터면 역에서 못 내릴 뻔했어요.

3. 비행기가 제시간에 출발했어요?

   ______________________? 눈이 너무 많이 내려서 2시간이나 늦게 출발했어요.

4. 내가 도와준 보고서 어떻게 됐어? 교수님께 칭찬 많이 받았어?

   ______________________? 주제에서 벗어나는 내용이 많다고 교수님이 다시 작성해서 제출하라셔.

C **'이/가 다 뭐예요?'를 넣어 대화를 완성해 보세요.**

> 아드님이 입대한다고 들었어요. 섭섭하시겠어요.
>
> 1. ______________________? 아주 속이 다 시원해요.
>
> 왜요? 아드님은 공부 잘하는 모범생이잖아요?
>
> 2. ______________________? 매일 술 마시고 늦게 들어오고 전공이 적성에 안 맞는다고 학교를 그만두겠다고 해서 제 속을 얼마나 썩였는데요. 여기 흰머리가 나는 것 좀 보세요.
>
> 제가 보기에는 아직 젊으신데요, 뭘.
>
> 3. ______________________? 자세히 보면 흰머리도 많고 주름도 많아요. 나이는 속일 수가 없나 봐요.

읽고 쓰기 ✿ 다음 칼럼을 읽고 질문에 답해 보세요.

나이가 궁금하세요?

인사동의 한 카페에서 영국에서 온 미술가 앤드류 베이컨(39세) 씨를 만났다. “안녕하세요?” 자연스러운 억양으로 인사하는 모습이 참 인상적이었다.

간혹 외국인을 인터뷰한다. 대화 말미엔 어김없이 난감한 질문을 던져야 한다.

“실례지만 나이가 몇이세요?”

상대방으로선 별로 해 본 적도, 받아 본 적도 없는 질문일 게다. 서구뿐 아니라 중국 · 일본 같은 아시아 국가들에서도 나이를 묻는 일은 많지 않다. 하지만 내겐 의무 사항이다. 외국과 달리 국내 대다수 미디어는 ‘주요 등장인물’의 나이를 밝히는 걸 원칙으로 하기 때문이다.

우리나라에서 나이는 핵심 정보다. 그 하나로 많은 걸 알 수 있다고 믿는다. 경험, 지식, 성향, 인격. 마치 공인된 ‘연령별 인생 표준’이라도 있는 양, 너무 늦게 혹은 빨리 뭔가를 한 인물에 비상한 관심을 보인다. (…)

ⓐ나이와 관련된 불편함은 도처에 존재한다. A 씨는 마흔에 SK그룹 주력 계열사의 상무가 됐다. 이후 몇 년간 “빨리 늙었으면 좋겠다.”는 푸념을 종종 했다. 머리가 쉬 세지 않는다고 속상해 했다. “이리고 동안이라 대외 활동은 물론 회사 안에서도 어려움이 많다.”는 거였다. 이른바 ‘초년 출세의 역설’이다. 반면 구직자들은 기업의 암묵적 취업 제한 연령에 걸릴까 노심초사한다. 둘 다 연령에 대한 예단과 선입견으로 인해 피해를 보는 경우다. 불필요한 에너지 소모는 또 어떤가. 젊은이들조차 빠른 88년생이니 재수한 01학번이니 하며 서열 다툼을 벌인다. 속된 말로 족보가 꼬여 교통정리에 애를 먹기도 한다. 이처럼 ‘나이가 깡패’인 상황에선 열린 토론도, 공사 구분도, 객관적 평가도 쉽지 않다. ⓑ나이 따지는 풍토가 퇴행적 연공서열과 상명하복의 버팀목인 이유다.

이런 문제의 뿌리로 전통적 유교 문화를 드는 이가 많다. 그런데 유교가 신앙이던 조선조 양반들은 오히려 나이를 뛰어넘는 친교와 배움을 생의 보람으로 여겼다. 오성 이항복과 한음 이덕형처럼 5살 정도 위아래끼리는 서로 ‘호’를 부르며 대등하게 어울렸다. 매월당 김시습은 무려 19세 연하인 추강 남효온과 역사에 남을 고아하고 애절한 우정을 나눴다. 그러니 지금 같은 서열 중시 문화는 근대 이후 고착된 것으로 봐야 할 게다. 군사 문화가 큰 영향을 끼쳤음은 분명하다. 나이나 연륜을 뜻하는 은어 ‘짬밥’만 해도 애초 의미는 ‘군대 밥’이다. 여기 경쟁 사회의 치열함이 더해지면서 순위에 대한 집착 또한 강화된 것이리라.

어떤 이에겐 이런 논의 자체가 불편할 수도 있다. 한마디로 “너도 쉰 되고 예순 돼 봐라.”라는 것이다. 그래서 더 하는 소리다. 나이의 족쇄는 노소를 안 가린다. 고령자에 대한 사회적 차별은 물론이요, 스스로 나이대접받으려는 맘을 못 버리면 힘들어진다. 100세 시대에 두 번째 직업은

필수다. 젊은이에게 배우고 바닥부터 다시 시작해야 한다. 이제부터라도 나이 안 따지는 훈련을 해 보는 건 어떨까. 연령과 지위를 짝 짓는 습관만 내려놔도 세상이 더 잘 보이고 인생의 선택지가 늘어날 것이다. 신문에 취재원의 나이를 병기하는 일 또한 언젠가 사라져도 좋지 않겠는가.

중앙일보(2011. 12. 28.)

1. 글쓴이가 인터뷰한 사람에게 나이를 물어보는 이유는 무엇입니까?
   ① 서로의 호칭을 정하기 위해
   ② 나이를 통해 상대방의 지위를 쉽게 알기 위해
   ③ 나이로 많은 것을 알 수 있다고 생각하기 때문에
   ④ 신문에 인터뷰하는 사람의 나이를 밝혀야 하기 때문에

2. ⓐ의 예로 이 글에서 제시되지 않은 것은 무엇입니까?
   ① 이른 나이에 승진을 하면 어려움을 겪는다.
   ② 나이가 많으면 취업이 제한되는 경우가 있다.
   ③ 학교에서 한두 살 차이라도 선배 대접을 해야 한다.
   ④ 고령자는 언제나 젊은 사람들로부터 대우를 받는다.

3. ⓑ에 대한 글쓴이의 생각은 무엇입니까?
   ① 이제부터 나이를 따지지 않는 훈련이 필요하다.
   ② 나이를 따지는 것은 전통적인 유교 문화의 영향이다.
   ③ 고령화 사회가 되었으므로 나이를 중시하는 의식은 더 강화될 것이다.
   ④ 나이를 통해 지위를 예상하는 것은 처음 만나는 관계에 꼭 필요한 일이다.

4. 관심 있는 주제를 골라 한국인과 유교 문화에 대해 써 보세요.

나이와 사회생활　　가족 중심 문화　　남녀의 구분

선택한 주제	
주제와 관련된 경험	

2. 한국인과 이데올로기

어휘 1

알맞은 말을 골라 문장을 완성해 보세요.

분단되다	이산가족	대립하다
보수적이다	안보를 위협하다	수교를 맺다

1. 한국 전쟁에서 돌아가신 줄 알았던 할아버지가 북한에 살아 계신다는 소식을 들었다. 50년 동안 할아버지의 제사를 지냈던 아버지는 ________________ 상봉을 통해 북한에 계신 할아버지를 만날 예정이다.

2. 북한 핵무기는 대한민국은 물론 전 세계의 ________________ 것으로서 우리 정부는 북한이 핵무기를 포기하지 않는 한 대화를 하지 않겠다는 강경한 입장을 보이고 있나.

3. 베를린 장벽이 무너지고 1990년에 동독과 서독은 ________________ 지 41년 만에 통일되었다.

4. 나이 든 세대들은 안정을 추구하는 경향이 있기 때문에 변화를 지향하는 젊은이들에 비해 ________________ 성향을 가지고 있다.

5. 88년 서울 올림픽 이후 탈냉전과 평화의 분위기가 고조되면서 우리나라도 사회주의 국가들과 ________________ 기 시작했다.

6. 새로운 원자력 발전소 건설 문제를 놓고 지역 주민들이 찬성과 반대로 나뉘어 팽팽하게 ________________ 있다.

어휘 2

❀ 밑줄 친 표현의 의미를 설명해 보세요.

1950년 6월에 시작된 한국 전쟁은 전쟁에 참전했던 국가들이 1953년 7월에 휴전 협정을 맺으면서 3년 만에 끝을 맺게 되었다. 그러나 휴전 이후에도 남한과 북한은 여러 번 전쟁 위기를 넘겼다.

1. 이번 국회 의원 선거에서 우리 시에서는 진보적인 성향의 후보가 당선되었다. 이 후보는 기존의 낡은 제도를 바꾸고 새로운 도시를 만들겠다는 공약으로 많은 시민들의 지지를 얻었다.

2. 조각가 김영섭 씨는 평화를 염원하는 마음을 담아 작은 꽃으로 채워진 손 모양의 조각품을 제작해 전쟁기념관에 기증했다.

* **페레스트로이카:** 소련의 지도자 고르바초프가 선언한 정치, 경제 개혁 정책.

3. 1985년 구소련 지도자인 고르바초프가 페레스트로이카* 선언을 한 것을 계기로 오랜 세월 냉전 관계를 유지해 오던 사회주의 진영과 자유주의 진영은 화해의 시대를 맞이하게 되었다.

4. 2000년 6월 평양을 방문한 김대중 대통령은 김정일 국방위원장과의 남북 정상 회담에서 한반도 평화 정책에 대한 논의를 진행했다.

5. 유교적 이념을 강조한 조선 사회에서는 왕에 대한 신하의 충성, 아버지에 대한 자식의 효를 가장 중요한 가치로 여겼다.

* **전향하다:** 신념이나 사상을 다른 것으로 바꾸다.

6. 고등학교 교사 김 모 씨는 학생들에게 공산주의 사상을 교육하다가 경찰에 체포되었다. 주위 사람들은 김 씨에게 전향하면* 풀려날 수 있다고 설득했지만 김 씨는 끝까지 자신의 사상을 지키겠다고 했다.

어휘 3

신문 표제를 보고 써 보세요.

정상 회담	이데올로기	냉전 / 탈냉전
침략하다	대립하다	수교를 맺다
평화를 염원하다	안보를 위협하다	정부를 수립하다

1. **다음 달 초 미국 대통령 방한**
한국 대통령과 경제 협력 및 북한 문제 논의

미국 대통령이 한국을 방문한다. 두 나라 대통령은 이번 정상 회담에서 수교 100주년을 기념하고 경제 협력 및 북한 문제에 대해 논의할 예정이다.

2. **국가보안법 폐지 논란**
국민의 자유 침해, 안보 위협 국민 처벌 근거

국가보안법 폐지에 대해 논란이 일고 있다. 국가 보안법이 ______________________________ ______________________________.

3. **70년대 냉전 배경 영화 개봉**
미국과 소련의 이념 대립 다뤄

70년대 소련을 배경으로 한 영화가 개봉되었다. 이 영화에서는 ______________________________ ______________________________.

4. **종전 60주년 기념 콘서트 열려**
반전*과 평화 염원을 주제로

휴전 협정이 맺어진 지 60년이 된 것을 기념해 콘서트가 열렸다. 이 콘서트에서는 ______________________________ ______________________________.

* **반전:** 전쟁에 반대함.

어휘 4

빈칸에 들어갈 말을 넣어 보세요.

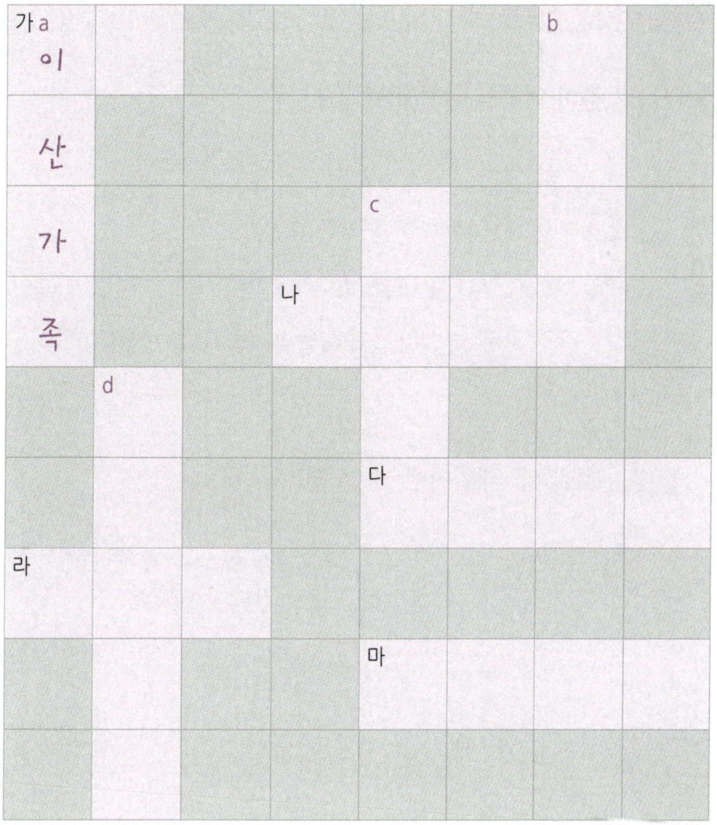

	가로 열쇠 (⇨)
가	한 시대나 사회에 나타나는 믿음이나 사상.
나	군인이나 국가가 전쟁에 참여하다.
다	국가를 대표하는 국가 지도자들이 만나서 하는 회의.
라	사회의 발전과 변화를 바라는 (것).
마	개인의 재산을 인정하지 않고 모두 국가가 소유하는 경제 형태.

	세로 열쇠 (⇩)
a	전쟁 때문에 오랫동안 서로 헤어져 사는 가족.
b	한 나라가 둘 이상으로 나뉘다.
c	전쟁을 멈추기로 한 약속.
d	나라의 안보를 유지하기 위해 만든 법.

문법과 표현 1

N은/는 고사하고

A 다음과 같이 대화를 완성해 보세요.

> 지연아, 된장찌개 끓일 수 있어?
>
> 아니요, 된장찌개는 고사하고 라면이라도 맛있게 끓일 수 있으면 좋겠어요. 직장 생활 하느라고 음식을 해 볼 기회가 없었어요.

1. 유진 씨, 해외여행 가 본 적 있으세요?

   아니요, ______________ 제주도라도 가 봤으면 좋겠어요. 저는 그동안 일이 바빠서 고향을 벗어나 본 적이 없어요.

2. 민수 씨, 직장 생활을 오래 하셨는데 저축 많이 해 놓으셨어요?

   아니요, ______________ 생활비도 부족한 상황이에요. 사실은 마음에 드는 차를 할부로 샀는데 매달 갚아야 하는 할부금이 너무 많아서 힘들어요.

3. 할머니께서 편찮으시다는데 진지는 좀 드셨어?

   아니야, ______________ 물 한 잔도 안 드셨어. 아무 것도 못 드셔서 다들 걱정하고 있어.

4. 수민 씨, 이번 주에 휴가 내고 여행 한번 다녀오는 게 어때요?

   일이 산더미처럼 쌓여 있어서 ______________ 주말에도 일해야 되지 않을까 걱정이에요.

B '은/는 고사하고'를 넣어 댓글을 완성해 보세요.

1. 서울시, 출산율 높이기 위해 양육비 지원 확대

➡ Re : ________________ 지금 있는 육아 휴직도 제대로 못 쓰고 있어서 문제예요. 육아 휴직 제도가 생긴 지는 오래되었지만 직장 여성들이 쉽게 사용할 수 있는 것은 아니거든요.

2. 치솟는 집값, 집 장만 어려워, 전셋값도 계속 상승세

➡ Re : 요즘 집값이 치솟고 있는데 ________________ 전셋집이라도 구할 수 있었으면 좋겠어요. 전셋값까지 계속 오르니까 집 구하기가 정말 힘들어요.

3. 한여름 전력 수요 급증으로 정전, 에어컨 사용 자제 필요

➡ Re : 여름에 전력 수요가 늘어나면서 정전되는 경우가 가끔 있어요. ________________ 선풍기라도 마음대로 틀 수 있었으면 좋겠어요.

문법과 표현 2

(비록) A/V-(으)ㄹ망정

A 문장을 완성해 보세요.

규모는 작다   용돈을 주지 못하다   꼴찌를 하다   다리는 없다

1. 시험을 볼 때 부정행위를 하는 학생들이 있다. 하지만 나는 ________________ 부정행위는 결코 하지 않겠다고 마음먹었다. 왜냐하면 그것은 양심을 속이는 행동이기 때문이다.

2. 이번 주 토요일에 우리 학교에서 100주년 기념행사를 한다. 우리 학교는 최근에 세워진 넓고 큰 학교와 비교해 볼 때 ________________ 역사가 깊어서 수많은 졸업생을 배출했다.

3. 언니가 취직을 해서 첫 월급을 받았다. 그런데 나에게 ________________ 새 옷을 살 돈이 필요하다면서 오히려 나에게 돈을 빌려달라고 한다.

4. 하반신이 없는 장애인에 대한 다큐멘터리가 방송됐다. 그는 ________________ 마음은 보통 사람들보다 더 건강하고 밝아서 만나는 사람들에게 오히려 위로와 격려를 주고 있었다.

B '-(으)ㄹ망정'을 넣어 문장을 완성해 보세요.

혼자 영화를 보다　　　　위로는 못 해 주다　　　　고맙다고 말하지는 못하다

어제 남자 친구와 말다툼을 했다. 내가 힘들게 고민을 얘기했는데 1.__________ 오히려 내 성격이 좋지 않다고 해서 화가 났다. 사실은 오늘부터 개봉하는 영화를 남자 친구와 보고 싶어서 표를 두 장 예매했는데 2.__________ 내가 먼저 사과하기는 싫어서 그냥 혼자 영화관에 가려고 마음먹었다. 집을 나서는데 그 친구가 장미꽃 한 다발을 들고 문 밖에서 기다리고 있었다. 그 순간 화난 마음이 눈 녹듯이 사라졌다. 그렇지만 순간적으로 3.__________ "나, 이런 거 필요 없어."라고 말해 버렸다.

읽고 쓰기

다음 칼럼을 읽고 질문에 답해 보세요.

[유학생 칼럼]

韓 젊은이들은 왜 북한 문제에 관심 없을까?

강요된 교육에 반발 커진 듯… 제2의 한강의 기적 꿈꿔 보길

쩨르치즈스키 표도르

한국에서는 젊은 사람일수록 통일에 대해 관심이 없는 것 같다. 한국에 살면서 북한에 대한 관심을 갖고 있는 외국인이라면 이 정도는 쉽게 알 수 있을 것이다. 1년이 안 되는 짧은 기간 동안 한국에 거주했지만, 한국의 젊은 학생들이 북한 문제에 관심을 갖지 않는 이유에 대해 다음과 같이 결론을 내릴 수 있었다. 한국 학생들에게 북한 문제로 대변되는 '통일'과 '분단'이라는 이슈는 과거의 '역사'일 뿐이라는 것이다.

이 학생들에게는 과거 삼국 시대 고구려, 백제, 신라가 통일 전쟁을 벌였을 당시 아무런 죄 없이 죽은 양민들과 북한의 독재 정권 하에서 고통을 받으며 죽고 있는 주민들이 다를 것이 없다. 분단은 1948년 남북이 각각 단독 정부를 세우면서 이뤄진 역사로서만 인식하고 있는 결과이기 때문이다.

이들은 현재 한국에서 벌어지고 있는 현상에 대해서만 집중한다. 그들에게는 '과거'가 아

닌 '현재'가 중요하기 때문이다. 또 다른 이유도 있다. 20대 후반에서 30대에 이르는 젊은 사람들은 유년 시절 끝없는 반공 교육을 강요당해 왔다. "우리는 민주주의를 지키고, 빨갱이를 멸망시키고, 통일해야 한다.", "북괴 놈들은 남침에 대한 꿈을 꾼다." 등의 반공 통일 선전을 끊임없이 주입당했다.

러시아에는 '대조국 전쟁'이라고 불리는 소련과 나치의 거대한 전쟁이 있었다. 내 부모와 조부 세대는 그 전쟁을 실제로 겪었다. 그들에게 '대조국 전쟁'은 '역사'가 아닌 진행되고 있는 '현실'이었다. 소련은 끊임없이 '대조국 전쟁'을 악용했다. 전쟁의 결과를 공산당 사상의 대승리, 스탈린 위대함의 승리로 선전했다.

필자는 중학생 시절, 당시 전쟁에 참여했던 군인들과의 모임을 준비한 적이 있다. 당시 모임을 주관했던 선생님은 나와 내 친구들에게 '대조국 전쟁'의 노래를 외우도록 강요했다. 이 같은 '강제성'은 나에게 반발심을 심어 줬다. 나에게 '대조국 전쟁'은 진행되고 있는 '현실'이 아니었다. 나는 집으로 돌아오자마자 아버지께 "우리가 전쟁에 승리한 것이 정말 좋은 일인가요?"라고 볼멘소리로 물었다. 애국심을 강요당하는 것이 싫었다. 현재 젊은 사람들이 북한 문제에 무관심한 이유는 이처럼 '강요된' 반공 교육의 부작용이 아닐까? 한국의 젊은이들을 보면 나와 같다는 느낌이 든다.

'통일세'에 대해서도 말이 많아 보인다. 굳이 통일세를 낼 필요가 있느냐는 것이다. 옳은 말처럼 들린다. 만약 통일이 된다면 이와 관련된 불만들이 쏟아져 나올 법도 하다. 대구에 사는 한 사람이 "내가 왜 함흥 사람들을 먹여 살리기 위해 매년 논을 내야 하니?"라고 불평할 수 있고, 대학 관계자는 "우리 아들은 서울대에 입학하지 못하는데, 왜 청진 출신의 사람은 시험 없이 입학 하는가?"라고 불평할 수 있다. 이런 충돌은 당연히 발생할 수 있는 것이라고 생각한다.

하지만 통일이 한국에 정착된다면 어떨까? 내 생각에는 대부분의 북한 사람들은 자기 능력대로 한국 경제 전반에서 자신의 역할을 수행하며 국가 발전에 기여할 것이다. 남한은 북한과의 통일을 통해 인력을 얻고, 또 수많은 자원도 얻을 수 있다. 또한 북한 출신의 사람이 통일 한국에서 아이를 출산한다면 이 아이들은 통일 한국의 가치관을 가지고 남북의 간극을 좁히는 가교 역할을 할 것이라고 기대한다. 또 세월이 지나 북한 재건이 완료된다면 한국은 부강한 '강성대국'이 될 것이다.

외국인들이 왜 한국을 존경한다고 생각하는가? 한국을 소개하는 관광 팸플릿을 보면 한국에는 수많은 명소와 먹을거리로 가득하다. 하지만 외국인들이 한국을 존경하는 주된 이유는 그런 것들이 아니다. '한강의 기적' 그것이 바로 외국인들이 한국을 우러러보는 이유다. 한국 국민들은 지난 50년간 한국을 부유한 나라의 대열에 올려놨다. 한국인들은 제2의 '한강의 기적'을 일으킬 수 있다. "한국이 '제2의 한강의 기적', ⓐ'대동강의 기적'을 일으켰다."라는 외신들의 보도를 상상해 보라. 한국인으로서 뿌듯하지 않겠는가? ⓑ'서울-평양 고속도로 개통식' 같은 보도를 가까운 미래에 접하기를 소망한다.

데일리NK 유학생 칼럼 (2011. 12. 30.)

1. 글쓴이는 한국 통일에 대해 어떻게 생각합니까?
   ① 통일이 되면 한국은 더욱 발전할 것이다.
   ② 통일이 되면 인구 증가로 일자리가 부족해질 것이다.
   ③ 통일이 되면 가치관에 혼란을 느끼는 사람이 많아질 것이다.
   ④ 통일이 되면 사회적, 정치적으로 상당한 어려움이 있을 것이다.

2. 한국 학생들이 통일 문제에 관심 없는 이유가 아닌 것을 고르세요.
   ① 한국에서 현재 벌어지고 있는 일에만 관심을 두기 때문에
   ② 남북한의 분단이 과거의 역사일 뿐이라고 생각하기 때문에
   ③ 유년 시절에 철저한 반공 이데올로기를 주입당해 왔기 때문에
   ④ 국가가 전쟁 결과를 국가의 승리와 위대함으로 선전했기 때문에

3. 한국에 통일이 정착된 후의 장점이 아닌 것을 고르세요.
   ① 노동력을 얻을 수 있음 ② 강성대국이 될 수 있음
   ③ 부유한 나라가 될 수 있음 ④ 많은 자원을 얻을 수 있음

4. ⓐ와 ⓑ의 의미는 무엇입니까?

5. 관심 있는 주제를 골라 써 보세요.

한국의 통일과 반공 교육　　　　우리 나라의 이데올로기 교육

선택한 주제	러시아의 이데올로기 교육
주제와 관련된 여러분의 나라의 예	러시아는 소련과 나치의 거대한 전쟁인 '대조국 전쟁'이라고 불리는 전쟁을 했음. '대조국 전쟁'은 독일군이 소련을 침공해 시작되었고, 결국 많은 사상자가 발생하고 소련의 승리로 끝이 남. 이때 소련 인구의 2500만 명이 희생되었음. 러시아는 대조국 전쟁을 공산당 사상의 승리와 스탈린 위대함의 승리로 선전하는 데에 악용함.

부록

듣기 지문

복습 1

[1] Tr 2 p.66

남자 : 우리 회사는 세계 유수의 기업들과 치열한 경쟁을 벌이면서 지난 20년 간 발전을 거듭해 오고 있습니다.
저는 이 경쟁에서 살아남은 요인으로 인재 발굴과 기술 개발을 꼽고 싶습니다. 저는 회사 경영에는 우수한 인재를 발굴하는 것이 가장 중요하다는 철학을 갖고 있습니다. 그래서 직접 면접을 해서 창의적인 아이디어를 가진 사람, 도전 정신과 책임감이 강한 사람, 추진력 있고 리더십이 있는 인재를 선발하고 있습니다. 이런 사람을 중점적으로 채용해 기업의 인재로 키운다면 앞으로 우리 기업은 더욱 성장해 세계적인 기업이 될 수 있으리라 믿습니다.

[2~3] Tr 3 p.66

여자 : 다음 주부터 우리 회사의 신입 사원 선발이 시작되는데요. 오늘 회의에서는 신입 사원들에게 어떤 질문을 하는 게 좋을지, 어떤 인재를 뽑으면 좋을지 이야기해 봅시다.

남자 : 우리 회사는 IT 기업인 만큼 업무 수행 시 창의력과 융통성이 가장 필요합니다. 지금까지 어떤 일에 도전해 봤는지, 새로운 환경에 적응하고 변화에 능동적으로 대처할 수 있는지와 관련된 질문을 하면 좋겠습니다.

여자 : 일리가 있는 말씀이군요. 그리고 일처리가 빠르다 보면 아무래도 실수하기가 쉬우니까 조금 느려도 꼼꼼하게 일을 처리하는 직원도 필요할 것 같은데요. 자신의 성격에 대해 질문해 보는 것도 좋을 것 같아요.

남자 : 글쎄요. 시키는 일만 꼼꼼하게 하고 융통성이 없는 직원보다는 약간의 실수가 있어도 일에 빠르게 대처하고 새로운 아이디어를 내놓는 인재가 훨씬 낫지 않을까요?

여자 : 제 말씀은 모든 직원이 그럴 필요는 없다는 것입니다. 빠르게 일을 처리하느라 미처 하지 못한 일을 보완해 줄 수 있는 인재도 꼭 필요합니다. 회사에는 한 가지 특성을 가진 인재만 있어서는 안 되고 다양한 성격을 가진 인재가 조화를 이뤄야 한다고 생각합니다.

[4~5] Tr 4 p.66

여자 : 여러분, 여러분을 가장 설레게 하는 말은 무엇인가

요? 아마도 '처음'이 아닐까 싶은데요. 두근거리는 첫 사랑의 추억, 첫 월급봉투를 받아 뿌듯했던 기억, 처음으로 운전을 하던 조마조마한 순간 등. 우리 인생에서 처음 경험하는 일들은 잊혀지기가 쉽지 않지요. 태어나서 처음으로 하는 일들이 주는 떨림과 설렘은 아무리 사소한 일이라도 값진 경험이 됩니다. 여러분은 가끔 사람들이 자신의 첫 경험에 대해 이야기하는 것을 들을 것입니다.

그런데 여러분 자신이 누군가의 처음이 될 수 있다는 것을 생각해 본 적이 있습니까? 외국인이 한국에서 처음 길을 묻는 일이, 더듬더듬 한국어로 인사를 건네는 일이 그 사람에게는 처음 경험하는 일일 수도 있습니다. 우리들에게는 일상이 되어 시큰둥한 일들이 처음 그 일을 하는 사람들에게는 설레고 두근거리는 일이 될 것입니다. 그러니 여러분, 아무리 사소한 일이라도 다른 사람에게는 '처음'이 될 수도 있다는 것을 기억하십시오. 여러분의 한 마디, 사소한 행동이 다른 사람에게 잊혀지지 않는 경험이 될 수도 있습니다. 여러분, 다른 사람을 대하는 일을 항상 신중하게 여기고 낯선 이에게 친절을 베푸는 것을 망설이지 마십시오.

복습 2

[1] Tr 5 p.120

남자 : 흔히 현대인들의 식습관이 병을 부른다고 하는데요, 김 박사님께서는 현대인의 잘못된 식습관 중 무엇이 가장 위험하다고 생각하십니까?

여자 : 지나친 육식 위주의 식단이나 염분과 당분의 과다한 섭취, 불규칙한 식사 습관 등은 현대인들의 대표적인 잘못된 식습관이라고 할 수 있습니다. 그러나 무엇보다 위험한 것은 야식을 즐기는 식습관입니다. 야식은 현대인들의 늦은 취침 시간과도 관련되어 있습니다. 늦은 밤 고열량의 야식을 섭취하게 되면 비만은 말할 것도 없고 음식물로 가득 찬 위장이 쉬지 못하기 때문에 숙면을 취하지 못하게 됩니다. 이로 인해 위장의 소화력도 떨어지게 되고 몸의 면역력도 저하되며 배변 장애를 일으키기도 합니다.

[2~3] Tr 6 p.120

여자 : 청취자 여러분, 안녕하세요? 지난 시간에 대체재는 돼지고기와 소고기, 커피와 차와 같이 경쟁 관계에 있는 제품이며 보완재는 치킨과 맥주, 삼겹살과 상추와 같이 서로 보충 관계에 있는 제품이라는 것을 알게 되었습니다. 오늘 '경제 상식'에서는 지난 시간에 이어 대체재와 보완재의 수요와 가격 변동에 대해 알아보겠습니다. 교수님, 대체재와 보완재는 수요와 가격 변동에서 어떤 차이를 보입니까?

남자 : 경쟁 관계에 있는 상품인 대체재는 한 재화의 가격이 상승할 때 다른 재화의 수요량이 증가하게 됩니다. 즉 보양식인 삼계탕 가격이 비싸지면 삼계탕과 대체 관계에 있는 보양식인 추어탕의 수요가 늘어나게 됩니다.

여자 : 그럼, 보완재의 수요와 가격 변동은 어떻습니까?

남자 : 보완재는 대체재와 달리 한 재화가 가격이 상승해 이에 대한 수요가 줄면 보완 관계에 있는 다른 재화의 수요도 따라서 줄어들게 됩니다. 사람들이 햄버거를 먹을 때 콜라를 함께 마시는데 햄버거의 수요가 줄면 자연히 콜라의 수요도 줄게 됩니다.

여자 : 그렇군요. 대체 관계에 있는 두 재화는 가격과 수요 면에서 볼 때 경쟁적이고 보완 관계에 있는 두 재화는 의존적이라고 정리할 수 있겠군요.

[4~5] Tr 7 p.120

남자 : 건강한 생활은 육체적으로나 정신적으로 안정되고 균형을 이루는 생활을 말합니다. 전문가의 의견에 따르면 현대인들이 건강한 생활을 하지 못하는 가장 큰 이유는 과도한 스트레스 때문인 것으로 나타났습니다. 영양분을 충분히 섭취하더라도 정신적으로 스트레스를 받으면 건강을 유지하기가 힘들다는 것입니다.

전문가들은 먼저 스트레스에 둔감해지도록 노력하라고 조언합니다. 스스로 모든 일에 완벽해야 하고 이겨야 한다는 생각을 버리고 사람이니 누구나 실패나 실수를 할 수 있다는 느긋한 마음가짐을 가져야 합니다. 다음으로 운동이나 취미를 통해 스트레스를 해소하라고 조언합니다. 조깅이나 테니스 등 자신이 좋아하는 운동을 일주일에 두세 번 정도 규칙적으로 하면 스트레스 해소에 도움이 됩니다. 또한 자신만의 취미를 만들고 그것에 몰입하는 것도 스트레스를 완화시켜 줍니다. 이상과 같은 전문가들의 의견으로 미루어 볼 때 평소 긍정적인 생각을 가지고 생활하고 일단 스트레스가 쌓였을 때는 운동이나 취미를 통해 해소하는 것이 좋다는 것을 알 수 있습니다.

복습 3

[1] Tr 8 p.174

남자 : 처음으로 퓨전 음악을 시도하신 걸로 알고 있습니다. 연주단에 대해 말씀 좀 해 주시지요?

여자 : 저희 연주단은 1999년에 창단한 한국 최초의 가야금 오케스트라인데요. 국악이나 전통 음악보다는 세상의 모든 음악을 가야금을 통해 새롭게 해석하고자 했습니다. 클래식은 물론 팝송과 같은 서양 음악에 국악을 접목시켜 국내외에 가야금의 현대성과 아름다움을 전하고 있습니다.

처음에는 일부 음악인들로부터 오히려 전통 음악을 왜곡시키고 있다는 비난도 받았지만 저희는 가야금이 일반인들에게 더 친숙해질 수 있는 기회를 제공했다는 점에서 국악 발전에 공헌하고 있다고 생각합니다.

[2~3] Tr 9 p.174

여자 : 연극 치료는 어떤 것이며 그 장점은 무엇인가요?

남자 : 미술 치료가 미술과 심리학의 결합이라고 말씀드렸듯이 연극 치료도 연극과 심리학의 결합으로 보시면 편리한 면이 있습니다. 대본을 쓰고 연극 준비를 하고 역할을 맡아 연기를 하면서 자신의 문제를 타인과의 상호 작용을 통해 풀어 보게끔 하는 것입니다. 연극을 하면서 감정의 장벽을 무너뜨리고 사람들 간의 관계 속에서 자신의 문제를 객관적으로 돌아보게 되는 것이지요.

여자 : 연극 치료에는 어떤 것이 있나요?

남자 : 연극 치료는 다소 광범위한데요. 단순한 놀이에서부터 부모와 자식의 역할을 바꿔 연기하는 역할극이나 소품을 이용한 인형극도 포함됩니다.

여자 : 앞서 소개해 주셨던 미술 치료와 연극 치료를 병행하면 아동과 성인의 심리 치료에 많은 도움이 되겠네요.

[4~5] Tr 10 p.174

여자 : 안녕하십니까? 오늘의 발표 주제는 '시련을 극복한 사람, 유재석'입니다. 여러분에게 자신의 삶을 개척하고 꿈을 이룬 한국의 유명한 MC 유재석에 대해 소개하려고 합니다. 제가 이 주제를 선택하게 된 이유는 시련을 이겨 낸 사람만이 유재석과 같이 자신의 꿈을 이룰 수 있기 때문입니다.

지금의 유재석은 모든 방송사에서, 모든 프로그램에서 모셔 가고 싶어 하는 MC지만 그에게도 외롭고 혹독한 무명 시절이 있었습니다. 그는 1991년 대학 개그 경연 대회에서 입상한 후 방송에 처음 데뷔하게 됩니다. 그러나 그는 특별한 재능이 있었던 것도 아니고 무대에 설 때마다 무대 공포증이 있어서 개그를 잘할 수가 없었습니다. 또한 하는 일마다 실패해 좌절하게 되었습니다. 돈을 벌지 못해 서른 살이 되어서도 부모님께 용돈을 받아 써야 했던 것이 미안해 공장에 취직할까 생각했던 적도 있었답니다. 그러나 그럴 때마다 그는 멋진 개그맨이 된 자신의 미래를 상상하며 한눈 팔지 않고 열심히 노력했습니다.

자신의 꿈을 향해 끝까지 달려온 그는 이제 사람들로부터 사랑받는 개그맨이자 MC가 되었습니다. 그리고 최고의 자리에 올라서도 초심을 잃지 않고 겸손하면서도 성실하다는 평가를 받고 있습니다.

모범 답안

I. 개인과 사회생활

1. 바람직한 인재상

1 어휘 p.14

일 처리가 꼼꼼하다	빈틈없이 차분하게 일을 처리하다
자기주장이 강하다	자기의 생각을 강하게 주장하다
융통성이 없다	상황에 따라 일을 처리하지 못하다
대인 관계가 원만하다	사람들과 좋은 관계를 유지하다
추진력이 있다	목표를 향해 밀고 나아가는 힘이 있다
책임감이 강하다	자신이 맡아서 하는 일을 중요하게 생각하고 끝까지 해결하다
도전 정신이 강하다	새로운 일을 걱정하거나 피하지 않고 해 보려는 마음이 강하다

2. 대인 관계가 원만한
3. 자기주장이 강한
4. 도전 정신이 강한
5. 일 처리가 꼼꼼하고
6. 책임감이 강해서
7. 추진력이 있게

2 어휘 p.15

1. 망설이면서 쉽게 결정하지 못하다.
2. 다른 사람들을 이끄는 능력이 있다.
3. 언제나 자신만을 먼저 생각하고 자신의 일을 더 중요하게 여기다.
4. 상황에 따라 자신에게 이익이 되는 쪽으로 행동하다.
5. 많은 사람이 자신을 따르게 하는 능력이 있다.
6. 중심이 되어 이끌려고 하다.
7. 이론에 맞고 논리적이다.

3 어휘 p.16

1. 리더형은 리더십이 있고 카리스마가 있으며 주도적인 사

람이다
2. 거북이형은 융통성이 없지만 일 처리가 꼼꼼하고 책임감이 강한 사람이다
3. 경주마형은 도전 정신이 강하고 승부욕이 강하며 추진력이 있는 사람이다

4 어휘 p.17

1. 분류해 2. 충돌
3. 소신 4. 순응형

1 문법과 표현 p.17
A/V-건 (간에)

A.
1. 누가 찾아오건 간에
2. 남이 뭐라고 하건 간에
3. 누구를 대상으로 하건 간에
4. 무슨 일을 하건 간에

B.
1. 자신의 적성에 맞건 안 맞건 간에
2. 맛이 있건 없건 간에
3. 역할이 크긴 작건 간에
4. 야단을 치건 말건 간에
5. 멀건 가깝건 간에

C.

1. 표가 비싸다	상처를 받지 않다
2. 남이 나쁘게 말하다	꼭 뮤지컬을 보고 싶다
3. 학벌이 좋지 않다	졸업식은 꼭 참석해야 한다
4. 날씨가 좋지 않다	실력 있는 인재가 취업에 유리하다

2. 남이 좋게 말하건 나쁘게 말하건 간에 상처를 받지 마세요. / 남이 어떻게 말하건 간에 상처를 받지 마세요.
3. 학벌이 좋건 좋지 않건 간에 실력 있는 인재가 취업에 유리해요. / 학벌이 어떻건 간에 실력 있는 인재가 취업에 유리해요.
4. 날씨가 좋건 좋지 않건 간에 졸업식은 꼭 참석해야 해요. / 날씨가 어떻건 간에 졸업식은 꼭 참석해야 해요.

2 문법과 표현 p.19
V-기 일쑤(이)다

A.
2. 실패하기 일쑤예요
3. 부모님께 혼나기 일쑤였어요
4. 아침을 거르기 일쑤야
5. 중요한 일을 잊어버리기 일쑤예요

B.
2. 덤벙거려서 물건을 잘 챙기지 못하기 때문에 우산이나 장갑을 가지고 나갔다가 잃어버리기 일쑤예요
3. 어떤 일을 하든 망설여서 제때 결정을 내리지 못하기 일쑤예요
4. 어떠한 경우에도 원칙을 지키려고 해서 예상하지 못한 일이 갑자기 생기면 당황해서 실수를 하기 일쑤예요
5. 자신이 실수할까 봐 너무 두려워해서 일을 계속 붙잡고 있다가 기한을 넘기기 일쑤예요

읽고 쓰기 p.22

1. ③ 2. ①
3.

1960 년대	1970 년대	1980 년대	1990 년대	2000 년대	2010 년대
책임감 협조성 성실성	성실성 적극성 진취성	주도성 창의성	적극성 도전 의식 진취성 성취욕	도덕성 창의성	도덕성 주인 의식 글로벌 역량

4. 인재상이 시대에 따라 바뀐 이유는 경제·사회적 상황과 기업의 발전 단계 등에 따라 필요한 인재상도 달라지게 되기 때문입니다.

2. 공익과 사생활

1 어휘 p.24

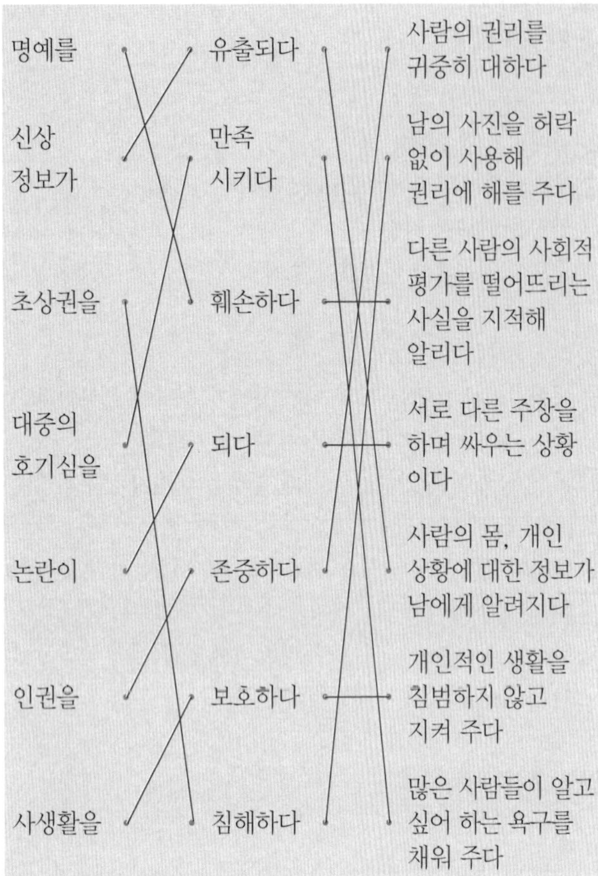

2. 대중의 호기심을 만족시켜
3. 명예를 훼손했다는
4. 신상 정보가 유출되었다
5. 논란이 되고 있다
6. 인권을 존중하(기)
7. 사생활을 보호해야

2 어휘 p.25

1. 국민이 국가 일에 대해 정보를 요구할 수 있는 힘이나 자격.
2. 개인의 생활에 피해를 주다.
3. 범죄를 일어나지 않게 하는 데에 도움이 되다.
4. 개인의 얼굴, 모습이 허락 없이 전시되거나 알려지지 않을 권리를 보호하다.
5. 국가나 여러 사람에게 도움이 되는 일.
6. 개인의 정보가 다른 사람에게 알려지지 않도록 지켜 주다.

3 어휘 p.26

2. 흉악범의 얼굴은 공개해야 한다고 생각한다. 왜냐하면 얼굴 공개는 범죄 예방 효과가 있으며 인권을 존중해야 할 사람은 흉악범이 아닌 대다수의 시민이기 때문이다
3. 요즘 인터넷에서 초상권을 침해하는 사례가 늘고 있는데 우리는 보다 적극적으로 다른 사람의 초상권을 보호해야 한다
4. 인터넷에서 신상 정보가 유출되면서 많은 사람들이 피해를 입거나 불편을 겪고 있다. 정부는 하루 빨리 개인 정보를 보호하기 위한 방안을 마련해야 한다
5. CCTV 설치가 사회적으로 논란이 되고 있지만 범죄 예방 효과가 분명히 있으므로 보다 적극적으로 CCTV를 설치해야 한다고 생각한다

4 어휘 p.26

1. 납치
2. 현장 검증
3. 논란
4. 보호하는

1 문법과 표현 p.27

A/V-거니와

A.

1. 음식도 맛있거니와 볼거리도 많았습니다
2. 성실하거니와 이해심도 많습니다
3. 가격도 저렴하거니와 건강에도 좋습니다
4. 경치도 아름답거니와 유적지도 많습니다

B.

1. 건강도 이유려니와
2. 스마트폰 가격도 가격이려니와
3. 실현 가능성도 문제려니와
4. 신상 정보 유출도 문제려니와

C.

2. 제주도는 사람들도 친절하거니와 경치도 아름답다
3. 미고 기업의 휴대폰은 디자인도 예쁘거니와 성능도 뛰어나서 인기가 좋다
4. 스티븐 씨는 한국어도 능숙하게 하거니와 일본어도 잘한다

D.

1. 음식 냄새도 나거니와 수업에 방해가 될 수 있으므로 교실에서는 음식을 먹지 말아야 한다. / 음식 냄새도 문제려니와 수업에 방해가 될 수 있으므로 교실에서는 음식을 먹지 말아야 한다.
2. 학생들의 사생활도 침해하거니와 초상권도 침해할 수 있

으므로 교실에는 CCTV를 설치하면 안 된다. / 학생들의 사생활 침해도 문제려니와 초상권도 침해할 수 있으므로 교실에는 CCTV를 설치하면 안 된다.

3. 다른 사람의 명예도 훼손할 수 있거니와 그 사람의 마음에 상처를 줄 수 있으므로 확인되지 않은 사실을 인터넷 게시판에 올리지 말아야 한다. / 명예 훼손도 문제려니와 그 사람의 마음에 상처를 줄 수 있으므로 확인되지 않은 사실을 인터넷 게시판에 올리지 말아야 한다.
4. 위생에 문제가 있거니와 소음이 발생할 수도 있으므로 공동 주택에서 개와 같은 애완동물을 키우는 것은 자제해야 한다. / 위생도 문제려니와 소음이 발생할 수 있으므로 공동 주택에서 개와 같은 애완동물을 키우는 것은 자제해야 한다.

2 문법과 표현 p.30

A/V-다손 치더라도

A.

1. 이길 가능성이 없다손 치더라도 끝까지 최선을 다해야 한다고 생각합니다
2. 부모님이 결혼을 반대하신다손 치더라도 자신의 인생은 자신이 결정해야 합니다
3. 회사 일이 바쁘다손 치더라도 가족과 보내는 시간을 소홀히 생각하면 안 됩니다
4. 범죄자의 인권을 침해한다손 치더라도 국민의 안전이 더 중요하므로 공개해야 합니다
5. 부작용 사례가 급증한다손 치더라도 성형 수술은 개인적 선택이므로 법적으로 금지해서는 안 됩니다

B.

1. 국민에게 알 권리가 있다손 치더라도 경찰 수사에 방해가 될 수 있으므로 모든 수사 과정을 공개할 필요까지는 없다.
2. 고령화 사회가 된다손 치더라도 청년들의 일자리가 감소될 수 있으므로 정년을 연장하는 것에 반대한다.
3. 주민들의 재산권이 침해된다손 치더라도 주거지와 가까워야 쓰레기 처리가 편리하므로 쓰레기 소각장을 무인도에 만드는 것에 반대한다.
4. 개인 정보가 유출된다손 치더라도 인터넷 상의 악성 댓글을 줄일 수 있으므로 주민 등록 번호와 실명을 사용해야 한다.

읽고 쓰기 p.32

1. ③　　2. ②　　3. ④　　4. ④

II. 사랑과 추억

1. 잊지 못할 순간

1 어휘 p.36

1. 감회가 새롭네요
2. 어이가 없네요
3. 가슴이 벅차(고)
4. 짜릿했어요
5. 긴장이 돼서
6. 왈칵 눈물이 쏟아져서
7. 서러울

2 어휘 p.37

1. 남을 탓하고 미워하고 싶은 마음이 있다.
2. 매우 부끄러워서 숨고 싶은 기분이다.
3. 앞으로의 일이 걱정되어 마음이 불안하다.
4. 기쁨이나 감격이 마음에 가득 차다.
5. 앞날이 걱정되어 답답하다.
6. 이해할 수 없고 당황스럽다.
7. 마음속 깊이 크게 감동하다.

3 어휘 p.38

1. 1) 설렜다　2) 앞이 캄캄했다　3) 원망스러웠다
2. 1) 긴장이 되었다　2) 초조해서　3) 날아갈 듯이 기뻤다

4 어휘 p.39

한국어를 아주 못해서 실수를 많이 했다. 실수할 때마다 쥐구멍에라도 들어가고 싶은 기분이었다. 그러나 나는 마음을 굳게 먹고 정말 열심히 한국어를 공부하기 시작했다. 결국 고급 한국어능력시험도 통과하고 한국어 과정을 마치게 되었을 때 정말 뿌듯하고 감격스러웠다.

1 문법과 표현 p.39

N은/는 말할 것도 없다

A.

1. 가격은 말할 것도 없고
2. 경치는 말할 것도 없고

3. 시험 성적은 말할 것도 없고
4. 한강시민공원은 말할 것도 없고
5. 한국 드라마는 말할 것도 없고

B.
1. 농구는 말할 것도 없고 테니스까지 잘해요
2. 커피는 말할 것도 없고 녹차도 안 마셔요
3. 한국 요리는 말할 것도 없고 이탈리아 요리도 잘해요
4. 한국어는 말할 것도 없고 중국어도 잘해요
5. 아시아의 여러 나라는 말할 것도 없고 아프리카까지 가 봤어요

2 문법과 표현 p.41
V-(으)려고 들다

A.
1. 배우려고 들면 2. 하려고 들면
3. 다이어트 하려고 들면 4. 만나려 들지 않아
5. 바꾸려 들(지)

B.
1. 패스트푸드만 먹으려고 들어서
2. 혼자서 해결하려고 들(지)
3. 컴퓨터 게임만 하려고 들어요
4. 양치질을 시키려고 들면
5. 자꾸 숨기려고 들면
6. 뺏으려고(빼앗으려고) 들어서

읽고 쓰기 p.44

1. ④ 2. ③ 3. ③ 4. ②

2. 소나기

1 어휘 p.46

1. 가슴이 찢어질 2. 풋풋하다(는)
3. 가슴이 뛰었다 4. 서먹서먹하고
5. 추억을 떠올리(곤) 6. 애가 탔다
7. 안타까운

2 어휘 p.47

1. 행동이 자연스럽지 못하고 부끄러워하다.
2. 심장이 멎어서 죽을 것 같이 강한 감정을 느끼다.
3. 아주 슬프다.
4. 사람이나 옛날 일이 간절하게 생각나다.
5. 가슴이나 마음이 못 견딜 정도로 아프고 슬프다.
6. 어떤 감정이 마음속에서 강하게 올라오다.
7. 정확하게 알아보기 힘들게 희미하다.

3 어휘 p.48

2. 가슴이 뛰고 기분이 좋아서 하늘을 날 것 같았어요
3. 그 물건을 보니까 어린 시절이 그리워졌어요
4. 너무 슬퍼서 가슴이 찢어질 것 같아요
5. 쑥스러워서 용기가 나지 않아요

4 어휘 p.49

가 해	쏙	a 하	다					b 붙
		도				나c 만	나	다
						지		
다d 갈	림	길		e 개		작		f 지
밭				다		거		다
			g 빤		라 질	리	다	
	마 순	순	히			다		

1 문법과 표현 p.50
A-(으)ㄴ/V-는 양

A.
2. 못 들은 양 3. 나비가 된 양 / 날 수 있는 양
4. 못 본 양 5. 아픈 양 / 몸이 안 좋은 양

B.
2. 열심히 일을 하는 양 3. 반가운 양
4. 엄마가 된 양 / 실제로 요리를 하는 양 5. 맛있는 양

2 문법과 표현 p.51

A/V-(으)리라

A.

2. 물가가 오르리라
3. 소나기가 내리리라 / 비가 내리리라
4. 당선되리라 / 뽑히리라　5. 반발하리라 / 반대하리라

B.

1. 소개팅한 사람이 마음에 들지 않았으리라 생각된다
2. 사생활 침해가 심각하리라 생각된다
3. 건강식품의 판매가 늘어나리라 예상된다
4. 생활한복에 대한 대중들의 관심이 높아지리라 생각된다
5. 오늘 교통이 더 혼잡하리라 예상된다

읽고 쓰기 p.54

1. ③　2. ③　3. 부끄러웠습니다.
4. 아사코가 행복하지 못한 것처럼 보였기 때문입니다.

복습 1

어휘 p.57

1. ②　2. ②　3. ④　4. ④　5. ①　6. ①
7. ②　8. ③　9. ③　10. ④　11. ②　12. ④
13. ④　14. ③　15. ①

문법과 표현 p.60

1. ②　2. ②　3. ④　4. ④　5. ③　6. ④
7. ④　8. ④　9. ②　10. ②

읽기와 쓰기 p.63

1. ②　2. ③　3. ③　4. ③　5. ④

듣기와 말하기 p.66

1. ④　2. ③　3. ①　4. ②　5. ④

III. 경제와 생활

1. 물가 이야기

1 어휘 p.70

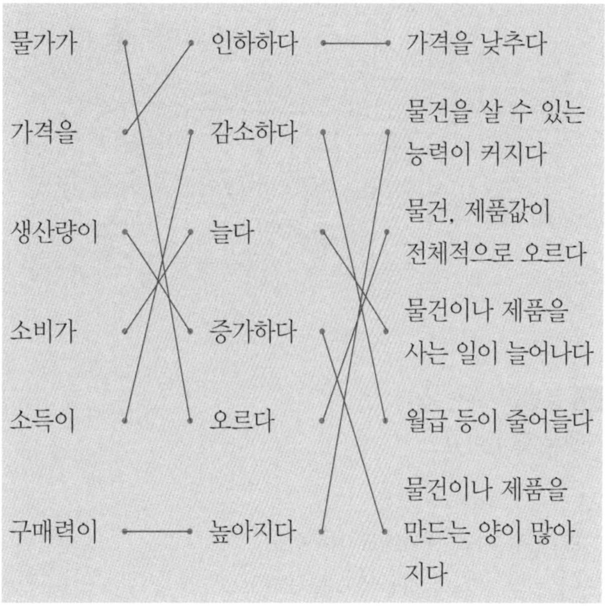

2. 생산량이 증가해　3. 가격을 인하해
4. 구매력이 높아진　5. 소비가 늘었다
6. 소득이 감소하(게)

2 어휘 p.71

1. 물건값을 올리다.
2. 경기가 좋음.
3. 요구나 필요에 따라 제품이나 물건을 제공함.
4. 물건이나 제품을 사는 일이 줄어들다.
5. 물건이나 제품을 사서 사용하는 사람.
6. 바다나 강에서 생산되는 생선, 조개 등의 것.
7. 물건값이 갑자기 큰 폭으로 내리다.

3 어휘 p.72

2. 꽃의 공급량은 크게 늘어나지 않았는데 꽃을 사려는 사람들이 갑자기 많아져서 꽃 가격이 많이 상승했다
3. 좋은 날씨 덕분에 수박 생산량이 늘어나서 올해는 태풍의 피해가 있었던 작년에 비해 수박 재배 농가의 소득이 큰 폭으로 증가했다
4. 혼자 사는 사람들은 많은 양의 물건을 금방 소비하지 못하

기 때문에 요즘에는 소량으로 포장된 상품의 소비가 점차 늘고 있다

4 어휘 p.73

1 문법과 표현 p.73

N에도 불구하고

A.

1. 김민수 씨의 사과에도 불구하고
2. 정부의 양육비 지원에도 불구하고
3. 장애(가 있음)에도 불구하고
4. 소고기 공급량을 늘렸음에도 불구하고

B.

2. 정부의 발표에도 불구하고 국민들은 식수 오염에 대해 우려하고 있다
3. 박지성은 좋지 못한 여러 조건에도 불구하고 열심히 노력해 축구 선수로 성공했다
4. 환율을 안정시키려는 한국은행의 노력에도 불구하고 환율이 점점 오르고 있다
5. 물가를 안정시키려는 정부의 노력에도 불구하고 물가가 안정되지 않고 있다

2 문법과 표현 p.75

V-자

A.

1. 강수량이 증가하자 수박 가격이 상승했어요.
2. 소고깃값이 오르자 돼지고기 수요가 늘었어요.
3. 삼겹살의 소비가 늘자 상추의 수요도 늘었어요.
4. 배추 공급이 늘고 수요가 줄자 배추 가격이 하락했어요.

B.

2. 기온이 떨어지자(날씨가 추워지자)
3. 시험에 떨어지자
4. 커피값이 인상되자
5. 새 음반을 발표하자

읽고 쓰기 p.77

1. 한국은행은 상반기의 물가가 하반기보다 더 많이 오를 것으로 예상했습니다. (한국은행은 상반기 3.7%, 하반기 3.3%가 오를 것으로 예상했습니다.)
2. ②
3. 정부는 공공요금 억제와 식료품 가격 안정, 농수산물 비축량 방출 등의 대책을 가지고 있습니다.
4. ①

2. 경제와 무역

1 어휘 p.78

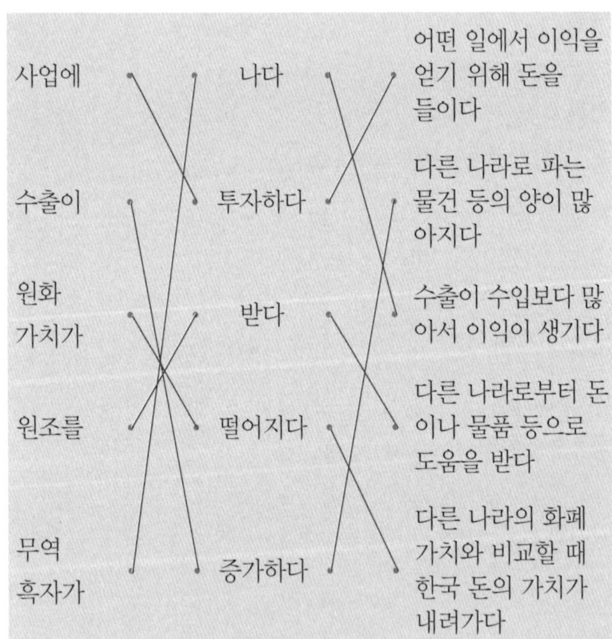

2. 원화 가치가 떨어지면
3. 원조를 받던
4. 수출이 증가하고
5. 무역 흑자가 나서

2 어휘 p.79

1. 해외에 진출해
2. 경제 협력을 증진하(기로)
3. 원조를 할
4. 대기업, 중소기업

3 어휘 p.79

2. 다국적 기업　　3. 수입품　　4. 수출품

4 어휘 p.80

2. 달러의 가치가 올라가면서 외국계 회사는 같은 돈을 투자하더라도 전보다 더 많은 이익을 얻게 되었을 것 같아요
3. 원 달러 환율이 상승하면서 한국으로 송금하는 돈은 같아도 한국 가족들은 더 많은 원화를 갖게 되어 가계에 도움이 되었을 것 같아요
4. 달러의 가치가 올라가면서 달러로 월급을 받는 사람은 더 많은 원화로 바꿀 수 있게 되어 한국에서 더 넉넉한 생활을 했을 것 같아요

5 어휘 p.81

1. 인건비　　2. 투자했(으나)
3. 적자　　4. 모색해(야)

1 문법과 표현 p.81
N(으)로 보다

A.
2. 가격으로 볼 때　　3. 위치로 볼 때
4. 규모로 볼 때　　5. 분위기로 볼 때

B.
2. 디자인으로 볼 때　　3. 비타민 섭취로 볼 때(보면)
4. 영양으로 볼 때(보면)　　5. 성능으로 볼 때(보면)

2 문법과 표현 p.83
A-(으)ㄴ/V-는 가운데

A.
2. 바쁘신 가운데　　3. 모신 가운데
4. 참석하신 가운데　　5. 몰리는 가운데

B.

1. 가족들이 다 모이다	입학식을 지켜보다
2. 물가가 오르다	공무원 월급은 동결되다
3. 날씨가 춥다	결혼 계획을 발표하다
4. 독감이 크게 유행하다	소비량은 변함없다
5. 배추의 공급이 늘어나다	사망자가 나오다

2. 물가가 오르는 가운데 공무원 월급은 동결되자
3. 날씨가 추운 가운데 입학식을 지켜보려고
4. 독감이 크게 유행하는 가운데 사망자가 나오자
5. 배추의 공급이 늘어나는 가운데 소비량은 변함없어서

읽고 쓰기 p.86

1. ②　　2. ④　　3. ③　　4. ①

IV. 건강한 삶

1. 음식과 체질

1 어휘 p.90

1. 열량이 높은　　2. 함량이 높은
3. 음식을 섭취하는　　4. 식욕을 돋우(기)
5. 항암 효과가 뛰어나다(고)　　6. 채식을 하는

2 어휘 p.91

1. 암에 걸리게 하는 물질.
2. 몸을 보호하고 건강을 유지하기 위한 음식.
3. 어떤 병이 생기게 하다.
4. 고기를 먹다.
5. 건강한 상태가 계속되게 하다.
6. 몸을 보호하고 건강을 유지하기 위한 약.

3 어휘 p.92

2. 함량이 높아 미역국을 자주 먹으면 건강을 유지하는 데에 도움이 된다
3. 짜장면은 열량이 높은 편이므로 자주 먹으면 살이 찌기 쉽다

4. 비빔밥은 여러 가지 재료가 들어가 있어 영양분이 풍부하므로 건강을 유지하는 데에 큰 도움이 된다
5. 식욕을 돋우는 효과가 있으며 비타민의 함량도 풍부해서 건강에 좋다

4 어휘 p.93

〈햄버거〉

〈소고기 상추쌈〉

1 문법과 표현 p.93
V-(으)ㄹ래야 V-(으)ㄹ 수(가) 없다

A.
1. 안 먹을래야 안 먹을 수가 없었어
2. 합격할래야 합격할 수가 없었어 / 지원할래야 지원할 수가 없었어
3. 모을래야 모을 수가 없었어
4. 잊을래야 잊을 수가 없는

B.
2. 헤어질래야 헤어질 수가 없어요
3. 남길래야 남길 수가 없어요 / 안 먹을래야 안 먹을 수가 없어요
4. 뗄래야 뗄 수가 없어요

2 문법과 표현 p.95
어찌나 A/V-던지

A.
1. 어찌나 차가 막히던지
2. 어찌나 끔찍하던지(어찌나 사람이 많던지)
3. 어찌나 불편하던지
4. 어찌나 좋던지
5. 어찌나 슬퍼하던지 / 어찌나 울던지

B.
1. 어찌나 안 오던지　　2. 어찌나 음식이 많던지
3. 어찌나 많이 먹었던지　　4. 어찌나 웃기던지

읽고 쓰기 p.98

1. 체질에 맞는 음식　　2. ④
3.

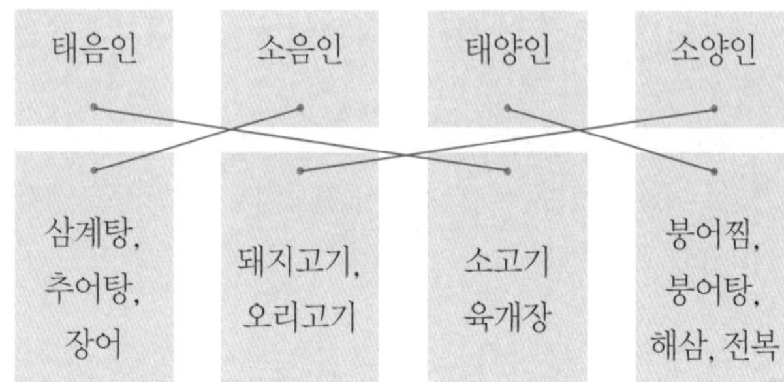

2. 건강과 마음

1 어휘 p.100

1. 온몸이 쑤셨다　　2. 저렸다
3. 체한　　4. 어루만졌다
5. 멀미를 했다　　6. 편두통이 있어서

2 어휘 p.101

1. 병이나 고통이 심해서 누워 있다.
2. 토할 것 같이 속이 안 좋다.
3. 몸의 어느 한 부분에 경련이 일어나다.
4. 약을 사용하다.
5. 머리가 쑤시듯이 아프다.
6. 아픈 곳이 완전히 다 낫다.
7. 손으로 몸을 쥐었다 놓았다 하면서 자꾸 만지다.

3 어휘 p.102

1. 딸꾹질을 한다(고)　　2. 어지러워
3. 팔이 저려　　4. 문질러
5. 편두통이 있으신

4 어휘 p.103

				a 쓰				b 체	
가 메	슥	거	리	다		나 멀	미	하	다
				듬				다	
다 편	두	c 통		다			d 어		
		증					루		
			e 딸				만		
			꾹			라 문	지	르	다
		마 껍	질				다		

1 문법과 표현 p.104
V-(으)ㄹ 바에는[바에야] (차라리)

A.
1. 결혼하지 못할 바에는 차라리 혼자 살 거야
2. 시킬 바에는 차라리 제가 하는 게 낫겠어요
3. 살 바에는 차라리 집에서 내가 만드는 게 낫겠어
4. 볼 바에는 차라리 집에서 뉴스를 보겠어
5. 있을 바에는 힘들더라도 고향에 내려가는 게 나을 거야

B.
2. 포기할 바에는 3. 싸울 바에는
4. 책임지지 못할 바에는 5. 버릴 바에는
6. 잡지 못할 바에는

2 문법과 표현 p.105
A-(으)ㄴ/V-는 까닭에[까닭으로]

A.
1. 파업을 하는 까닭에 시민들이 출퇴근에 불편을 겪고 있습니다
2. 서로를 이해하지 못하는 까닭에 통일이 늦어지고 있습니다
3. 패스트푸드를 많이 섭취하는 까닭에 비만이 되기 쉽습니다
4. 인권은 보호되어야 하는 까닭에 신상 공개를 해서는 안 됩니다
5. 정당한 값을 지불하지 않는 까닭에 농민들이 가난에서 벗어나지 못하고 있습니다

B.

1. 서울은 조선의 수도였다	해외여행을 가는 사람들이 많이 늘어나게 되었다
2. 나라마다 문화에 차이를 보인다	궁궐 등의 유적지가 많이 남아 있다
3. 원화의 가치가 올라갔다	사생활 침해에 대한 우려가 높아지다
4. 공공장소에 CCTV가 설치되는 사례가 늘어났다	조기 유학을 보내는 경우가 종종 있다
5. 학부모들이 외국어를 배울 때 학습 연령이 중요하다고 생각한다	외국인의 행동이 종종 오해를 불러일으키기도 한다

2. 문화에 차이를 보이는 까닭에 외국인의 행동이 종종 오해를 불러일으키기도 한다
3. 올라간 까닭에 해외여행을 가는 사람들이 늘어나게 되었다
4. CCTV 설치가 늘어난 까닭에 사생활 침해에 대한 우려가 높아졌다
5. 외국어를 배울 때 학습 연령이 중요하다고 생각하는 까닭에 조기 유학을 보내는 경우가 종종 있다

읽고 쓰기 p.107
1. ④ 2. ② 3. ①

복습 2

어휘 p.111
1. ① 2. ② 3. ④ 4. ④ 5. ② 6. ①
7. ② 8. ② 9. ③ 10. ① 11. ② 12. ③
13. ③ 14. ③ 15. ④

문법과 표현 p.114
1. ① 2. ② 3. ① 4. ④ 5. ② 6. ④
7. ③ 8. ③ 9. ① 10. ②

읽기와 쓰기 p.117

1. ① 2. ② 3. ④ 4. ① 5. ②

듣기와 말하기 p.120

1. ① 2. ① 3. ③ 4. ④ 5. ②

V. 성공과 실패

1. 새로운 시도

1 어휘 p.124

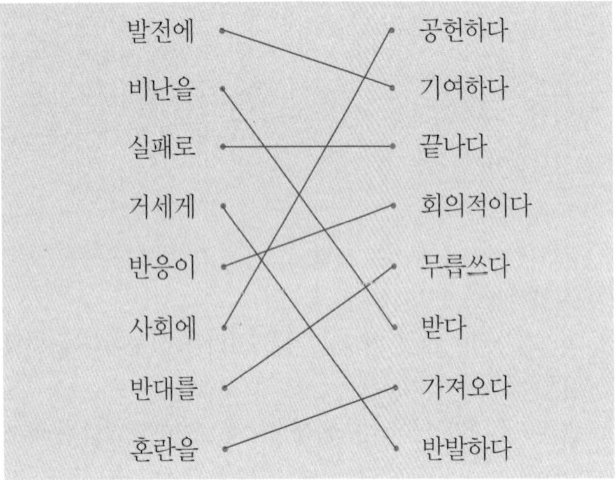

2. 혼란을 가져올
3. 반대를 무릅쓰고
4. 거세게 반발했다
5. 사회에 공헌하(기)
6. 비난을 받게
7. 반응이 회의적인
8. 실패로 끝나

2 어휘 p.125

2. 호응을 얻지
3. 발전에 장애가 된다는
4. 환영을 받지
5. 목표를 달성했다(고)

3 어휘 p.126

2. 흉악범의 얼굴 공개는 범죄 예방에 효과가 있다는 점이 인정되어 시민들의 많은 호응을 얻었다
3. 성범죄자에게 전자 발찌를 착용하게 하는 것은 성범죄 예방에 효과가 있기 때문에 많은 사람들로부터 환영을 받았다
4. 정치인의 재산 공개는 정치인들이 거세게 반발하고 있기 때문에 목표를 달성하지 못할 것 같다

4 어휘 p.127

1. 개편한
2. 취지
3. 환승
4. 혼란을 초래할

1 문법과 표현 p.128

A/V-다 뿐이지

A.

1. 많다 뿐이지
2. 다르다 뿐이지
3. 심하게 하신다 뿐이지
4. 바뀐다 뿐이지
5. 찌그러졌다 뿐이지

B.

1. 피자나 햄버거는 열량만 높다 뿐이지 몸에는 좋지 않아
2. 키만 크다 뿐이지 아직 철이 없어서 걱정이에요
3. 광고만 그렇게 했다 뿐이지 실제로는 비쌀 거예요
4. 발음만 안 좋다 뿐이지 넌 듣기하고 쓰기는 잘하잖아

2 문법과 표현 p.129

V-기란

A.

1. 담배를 끊기란 어려운 일이에요. 마음을 굳게 먹고 노력해 보세요
2. 사람을 한두 번 만나고 알기란 어려운 일이에요. 좀 더 만나 보세요
3. 신입 사원이 처음부터 업무를 잘하기란 쉬운 일이 아닙니다. 모르는 것은 혼자 고민하지 말고 선배에게 물어보세요
4. 실력이 비슷한 사람 중에서 1등을 뽑기란 쉽지 않아요. 실력뿐만 아니라 청중들의 반응도 고려합시다

B.

1. 돈을 모으기란 쉬운 일이 아니죠. 매달 조금씩 저금해 보세요
2. 다이어트를 하기란 쉬운 일이 아니죠. 음식 양을 줄이면서 운동도 해 보세요
3. 한국어로 일기를 쓰기란 쉬운 일이 아니죠. 조금이라도 매일 쓰는 습관을 들여 보세요
4. 주말마다 부모님을 찾아뵙기란 쉬운 일이 아니죠. 주말마다 전화라도 드리세요

읽고 쓰기 p.132

1. ④ 2. ④ 3. ④

2. 흔들리며 피는 꽃

1 어휘 p.134

고통을	떨치다	희망이나 하고 싶은 일을 실제로 해내다
명성을	이루다	어떤 일에 뜨거운 마음과 애정을 가지고 노력을 기울이다
꿈을	감수하다	어떤 일을 하는 데에 인생 대부분의 시간을 쓰다
열정을	극복하다	유명해져서 많은 사람들이 이름을 알게 되다
일생을	받다	어려운 일을 참고 이겨 내다
인정을	쏟다	괴로움이나 아픔을 받아들이다
시련을	바치다	다른 사람들에게 좋은 평가를 받다

2. 시련을 극복하고
3. 열정을 쏟(으면)
4. 일생을 바쳤다는
5. 고통을 감수해 달라고
6. 꿈을 이루(기)
7. 명성을 떨쳤다

2 어휘 p.135

1. 매우 힘든 일을 겪다.
2. 물려받은 재산 없이 스스로의 힘으로 재산을 모으고 성공하다.
3. 나쁜 상황을 이겨 내다.
4. 온몸에 있는 힘을 다 쓰다.
5. 이루고자 하는 것을 향해 앞으로 나아가다.
6. 어떤 일을 위해 힘을 모두 쓰다.
7. 삶을 새롭게 만들어 가다.

3 어휘 p.136

2. 불편한 몸으로 삶을 개척하여 꿈을 이루었다. 그는 세계적인 물리학자로 인정을 받고 있고 지금도 혼신의 힘을 다해 연구에 몰두하고 있다
3. 가난한 농부의 아들로 태어났지만 대기업을 세워 자수성가한 기업인이라는 평가를 받고 있다. 그는 가난과 전쟁, 사업 실패 등의 시련을 극복하고 자신의 꿈을 이루었다
4. 해양지질학으로 박사 학위를 받아 서울대 교수로 채용되어 연구 활동을 활발히 하였다. 그러나 그는 불행한 사고로 목 아랫부분이 완전히 마비되는 시련에 부딪치게 된다. 그럼에도 불구하고 여러 악조건을 이겨 내고 다시 학교로 돌아와 연구자이자 교수로서 최선을 다하고 있으며 장애인의 재활과 복지를 위해 열정을 쏟고 있다

4 어휘 p.137

a 칠					가 흑	b 자
나 전	환	점				수
팔			c 물			성
기			거			가
			다 품	평		
다 좌	우	d 명			라 선	e 고
		성				비

1 문법과 표현 p.138

A/V-(으)ㄹ지라도

A.

2. 별로 중요하지 않을지라도
3. 훌륭한 스승에게 배울지라도
4. 몸이 불편할지라도
5. 거센 반발이 있을지라도
6. 가진 것이 아무것도 없을지라도
7. 공감할 수 없을지라도
8. 반응이 회의적일지라도

B.

1. 시련과 어려움을 겪다	새로운 것에 도전하는 데에 문제가 되지 않는다
2. 나이가 많다	부모님께서 걱정하시니까 내색하지 말아야 한다
3. 얼굴이 예쁘다	끝까지 삶을 포기해서는 안 된다
4. 마음에 걱정이 있다	도전하는 것은 아름답다
5. 성공할 수 없다	마음이 예쁘지 않으면 소용없다

2. 나이가 많을지라도 새로운 것에 도전하는 데에 문제가 되지 않습니다
3. 얼굴이 예쁠지라도 마음이 예쁘지 않으면 소용없습니다
4. 마음에 걱정이 있을지라도 부모님께서 걱정하시니까 내색하지 말아야 합니다
5. 성공할 수 없을지라도 삶을 포기해서는 안 됩니다

2 문법과 표현 p.139

V-는 한

A.

2. 통일이 되지 않는 한 3. 야구를 계속하는 한
4. 살아 있는 한 5. 응원해 주는 분들이 계시는 한

B.

2. 포기하지 않는 한 반드시 희망은 있습니다
3. 술과 담배를 끊지 않는 한 건강을 되찾을 수 없습니다
4. 자가용을 이용하는 한 다이어트에 성공할 수 없습니다
5. 실천하지 않는 한 아무것도 이룰 수 없습니다

읽고 쓰기 p.142

1. 장영희는 수필가이자 번역가, 영문학자입니다. 그는 장애를 가지고 태어났지만 삶을 개척하여 많은 성과를 이룬 사람입니다.
2. ④
3. 씩씩한 삶의 의지로 극복했습니다.

VI. 생활과 예술

1. 생활 속의 예술

1 어휘 p.146

1. 실생활에 응용한 2. 작품을 감상할
3. 매개체가 되었(지만) 4. 치료에 활용하(면)
5. 마음이 정화되고 6. 내면을 들여다보(기)

2 어휘 p.147

1. 사회에서 일어나는 일이 옳은지 잘못됐는지 판단하다.
2. 스트레스를 없애다.
3. 둘 이상의 다른 일을 잘 어울리게 조화시키다.
4. 사람의 마음에 일어나는 여러 감정을 편안하게 만듦.
5. 아름다움에 대해 마음속으로 그려보는 힘.
6. 실생활에 이용하기 좋은 성질이 있다.

3 어휘 p.148

2. 그림은 실생활에 응용할 때 큰 의미를 갖는다고 생각해요
3. 음악 작품을 감상하면서 즐거움을 얻게 하는 것이 음악의 본질적인 기능입니다
4. 예술이 매개체가 되어 사회를 비판할 수 있다는 것이죠

4 어휘 p.149

1. 오케스트라 연주회에 가서 음악을 감상하거나 미술관에 가서 여러 작품을 감상하는 경우입니다
2. 옷이나 넥타이 등의 의류나 컵, 접시, 시계 등의 생활 용품에 유명한 그림이 활용되거나 환자들의 치료에 미술이나 음악이 활용되는 경우입니다

1 문법과 표현 p.149

V-고서는

A.

2. 말을 하지 않고서는 관계가 회복될 수 없어요. 먼저 미안하다고 말해 보세요
3. 사람들과 만나 이야기해 보지 않고서는 한국어를 제대로 배울 수 없어요. 실수해도 괜찮으니까 많이 이야기해 보세요
4. 음식 양을 줄이지 않고서는 다이어트를 할 수 없어요. 먹고 싶은 음식이 있더라도 좀 참아 보세요

B.

1. 보지(읽지) 않고서는
2. 이야기해 보지 않고서는
3. 경험해 보지 않고서는

2 문법과 표현 p.150

V-게끔

A.

2. 더운 날씨에 쉽게 적응하게끔
3. 이 지역의 주민들은 큰 피해를 입지 않게끔
4. 사게끔(구입하게끔)

B.
1. 치료하게끔(낫게끔)　　2. 먹을 수 있게끔
3. 버릴 수 있게끔　　4. 느끼게끔, 가지게끔
5. 섭취하게끔(먹게끔)

읽고 쓰기 p.153

1. 통영시 강구안 언덕에 있습니다.　　2. ③　　3. ④

2. 건축물의 미학

1 어휘 p.154

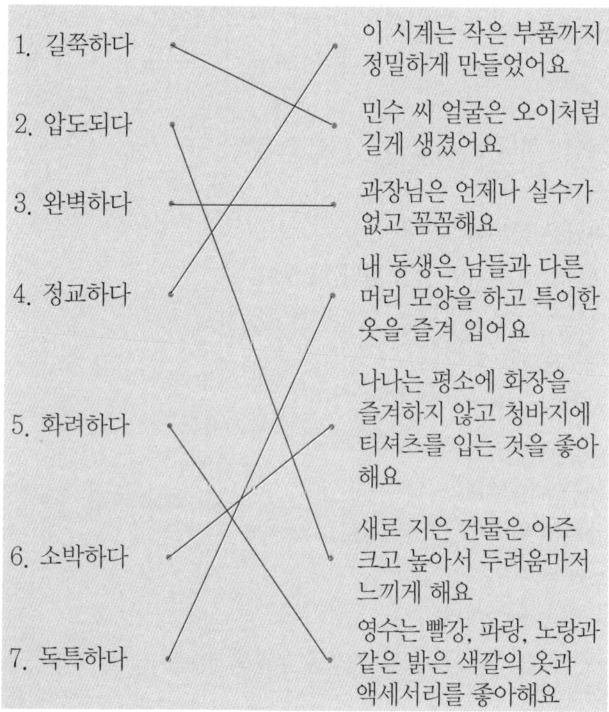

2 어휘 p.155

2. 신기하고 묘한 느낌이 있다.
3. 존경과 두려운 감정이 동시에 생기게 하다.
4. 서로 잘 어울리다.
5. 형태에서 느껴지는 아름다움이 뛰어나다.
6. 강한 느낌을 마음속에 남기다.

3 어휘 p.156

2. 동그란 모양이 인상적이며, 곡선의 조화가 아름답다
3. 삼각형 모양으로 규모가 웅장해 보는 사람에게 강렬한 인상을 남긴다
4. 직선과 곡선이 어우러져 있으며 독특한 모양을 하고 있다
5. 두 직사각형의 건물이 쌍둥이처럼 대칭을 이루고 있다

4 어휘 p.157

1. 건축물　　2. 섬세하게
3. 대칭을 이루는　　4. 풍경화

1 문법과 표현 p.157
A-(으)면서(도)

A.
1. 반가우면서도　　2. 기쁘면서도
3. 속이 시원하면서도　　4. 화려하면서도(고우면서도)

B.
1. 복잡하면서도　　2. 정교하면서도
3. 시원하면서도　　4. 독특하면서도

2 문법과 표현 p159
A-기(가) 이를 데 없다

A.
1. 식상하기 이를 데 없다　　2. 상쾌하기 이를 데 없다
3. 불편하기 이를 데 없다　　4. 답답하기 이를 데 없었다
5. 창피하기 이를 데 없었다　　6. 속상하기 이를 데 없었다

B.
1. 안타깝기 이를 데 없네요
2. 아쉽기 이를 데 없네요
3. 불쾌하기 이를 데 없습니다
4. 기쁘기 이를 데 없네요
5. 감동스럽기 이를 데 없네요

읽고 쓰기 p.162

1. 간결함과 단순함의 아름다움이 드러나는 건축물입니다.
2. ②　　3. ③

복습 3

어휘 p.165

1. ④　2. ①　3. ③　4. ②　5. ④　6. ①
7. ②　8. ①　9. ③　10. ③　11. ④　12. ①

13. ④ 14. ③ 15. ④

문법과 표현 p.168

1. ③ 2. ② 3. ④ 4. ③ 5. ③ 6. ①
7. ② 8. ② 9. ③ 10. ③

읽기와 쓰기 p.171

1. ④ 2. ② 3. ② 4. ③ 5. ④

듣기와 말하기 p.174

1. ② 2. ② 3. ③ 4. ④ 5. ③

VII. 사상과 이데올로기

1. 한국인과 유교 사상

1 어휘 p.178

1. 권위적이(면) 2. 유교적 전통
3. 말을 높이는 4. 실례가 되는
5. 학번 6. 혈연관계

2 어휘 p.179

1. 집안에서 아버지가 절대적인 힘을 가지는 특징이 있다.
2. 사람들의 나이가 비슷하다(주로 나이가 많은 사람들이 사용함).
3. 어떤 일을 할 때 어느 정도의 나이를 넘지 않는, 또는 넘은 사람들로 한정하는 것.
4. 어떤 일을 하기에 적당한 나이나 때.
5. 유교 문화의 영향을 받아 나타나다.
6. 나이가 서로 비슷한 사람들.

3 어휘 p.180

2. 군대에서는 위계질서를 매우 중시하기 때문이다
3. 다양한 호칭으로 불릴 수 있다
4. 첫째 아들과 결혼한 여자에게 '형님'이라고 부르는데 이것은 서열을 중시하는 한국 문화라 할 수 있다

4 어휘 p.181

1. 학번 2. 말을 놓은
3. 동갑 4. 호칭

1 문법과 표현 p.181
N더러

A.
1. 스티븐이 나나더러 자기 우산을 가지고 가라고 했어요
2. 어머니가 막내더러 음식이 부족하면 어머니의 음식을 더 먹으라고 했어요
3. 사람들이 이모더러 혹시 연예인이냐고 물어봐요
4. 한국 사람들이 가나코 씨더러 부산 사람이냐고 물어봐요
5. 영호더러 주말에 경주에 놀러가자고 했어요

B.
제목 : 바람은 나더러

바람은 나무더러
비바람을 견디며 살라 한다, 꿋꿋이.

나무는 새더러
가지에서 쉬어 가라 한다, 편안하게.

새는 우리더러
생활에 만족하며 살라 한다, 조용히

우리는 하늘더러
행복과 기쁨을 달라 한다, 원망스럽게

2 문법과 표현 p.183
N이/가 다 뭐예요?

A.
1. 생일 파티가 다 뭐예요 2. 운동이 다 뭐예요
3. 이상형이 다 뭐야 4. 시험공부가 다 뭐야
5. 자동차가 다 뭐야

B.
1. 쉬운 게 다 뭐예요 2. 별로 없는 게 다 뭐예요
3. 제 시간에 출발한 게 다 뭐예요
4. 칭찬받은 게 다 뭐야

C.

1. 섭섭한 게 다 뭐예요　　2. 모범생이 다 뭐예요
3. 젊은 게 다 뭐예요

읽고 쓰기 p.186

1. ④　　2. ④　　3. ①

2. 한국인과 이데올로기

1 어휘 p.188

1. 이산가족　　2. 안보를 위협하는
3. 분단된　　4. 보수적인
5. 수교를 맺(기)　　6. 대립하고

2 어휘 p.189

1. 사회의 변화나 발전을 추구하는
2. 평화로운 상태가 되기를 바라고 원하는
3. 제2차 세계 대전 후 미국과 소련을 중심으로 한 자본주의와 공산주의의 대립
4. 국가의 최고 지도자가 모여서 하는 회의
5. 사상이나 이념
6. 모든 재산을 국가가 소유함으로써 평등한 사회를 이루려는 사상

3 어휘 p.190

2. 국민의 자유 보장을 위해 폐지되어야 한다는 의견과 안보를 위협하는 국민을 처벌하는 근거가 된다는 의견이 대립하고 있다.
3. 냉전 시대에 미국과 소련이 대립하는 시대상을 잘 보여준다.
4. 반전과 평화를 염원하는 주제로 다양한 음악이 연주되었다.

4 어휘 p.191

가 a 이	념				b 분	
산					단	
가			c 휴		되	
족		나 참	전	하	다	
	d 국		협			
	가		다 정	상	회	담
라 진	보	적				
	안		마 공	산	주	의
	법					

1 문법과 표현 p.192
N은/는 고사하고

A.

1. 해외여행은 고사하고　　2. 저축은 고사하고
3. 진지는 고사하고　　4. 여행은 고사하고

B.

1. 양육비 지원은 고사하고　2. 집 장만은 고사하고
3. 에어컨은 고사하고

2 문법과 표현 p.193
(비록) A/V-(으)ㄹ망정

A.

1. 꼴찌를 할망정　　2. 규모는 작을망정
3. 용돈을 주지 못할망정　　4. 다리는 없을망정

B.

1. 위로는 못 해 줄망정　　2. 혼자 영화를 볼망정
3. 고맙다고 말하지는 못할망정

읽고 쓰기 p.195

1. ①　　2. ③
3. ③　　4. 통일 이후의 성장과 발전

집필

최은규 서울대학교 국어국문학과 박사
서울대학교 언어교육원 한국어교육센터 대우부교수

서경숙 서울대학교 국어국문학과 박사 과정 수료
전 서울대학교 언어교육원 한국어교육센터 대우전임강사

이정덕 이화여자대학교 국제대학원 한국학과 박사 과정 수료
서울대학교 언어교육원 한국어교육센터 대우전임강사

우재영 서울대학교 국어교육과 박사 과정 수료
서울대학교 언어교육원 한국어교육센터 대우전임강사